www.ingramcontent.com/pod-product-compliance
Lightning Source LLC
LaVergne TN
LVHW050803051026
849532LV00008B/2949
* 9 7 8 9 3 6 9 0 8 3 1 6 9 *

محفلِ ظرافت

(مزاحیہ مضامین)

برہان حسین

Mehfil-e-Zarafat (Humorous Essays)
by: Burhan Hussain
Edition: March '2026
Publisher :
Taemeer Publications LLC (Michigan, USA / Hyderabad, India)

ISBN 978-93-6908-316-9
9 789369 083169

کتاب	:	**محفلِ ظرافت** (مزاحیہ مضامین)
مصنف	:	**برہان حسین**
صنف	:	طنز و مزاح
ناشر	:	تعمیر پبلی کیشنز (حیدرآباد، انڈیا)
سالِ اشاعت	:	۲۰۲۶ء
صفحات	:	۷۲
سرورق ڈیزائن	:	تعمیر ویب ڈیزائن

فہرست

	تعارف	علامہ اختر زیدی	7
(۱)	سخن نافہم لوگ		9
(۲)	موٹی بیوی: ہائے ہائے		15
(۳)	اور آنا لندن سے ماہرِ ٹرافک کا		23
(۴)	رسمِ اجراء		29
(۵)	ورشا کا پرسہ		34
(۶)	اگر فردوس بروئے زمین است		42
(۷)	بزرگوں کی ریسرچ		48
(۸)	قوالی		52
(۹)	عابد روڈ کی شام		58
(۱۰)	ایشیاڈ		63
	صاحب طرز مزاح نگار	مہدی نظمی	66

برادرِ مکرم
محمد مظفر حسین صدیقی
اور خواہرِ عزیز
بشیر بانو
کے نام
جن کے ادبی ذوق کا میں طفیلی ہوں

تعارف

علامہ اختر زیدی

محمد برہان حسین، اس وقت ملک اور بیرونِ ملک کے اردو داں طبقہ کے جانے پہچانے طنز و مزاح نگار ہیں۔ ان کے فن کے مداحوں کا دائرہ وسیع سے وسیع تر ہوتا جارہا ہے۔ اس اعتبار سے ان کے مضامین کے مجموعہ کو کافی عرصہ قبل ہی شائع ہو جانا چاہئے تھا لیکن ایسا نہ ہوسکنے کی واحد وجہ ان کی ضد رہی کہ "اس کا ابھی وقت نہیں آیا"۔

ان کے مضامین موقر جرائد و اخبارات میں گزشتہ ایک دہے سے شائع ہوتے رہے ہیں ہندو پاک کی مشہور تنظیم "زندہ دِلان حیدر آباد" کے شہ نشین سے محمد برہان حسین چند برسوں سے کامیاب مضامین سنا رہے ہیں۔ ان بنیادوں پر ان کا شمار ملک کے منجھے ہوئے مزاح نگاروں میں ہونے لگا ہے۔

مزاح نگاری کے لئے دو باتیں اہم ہیں۔ پہلی بات یہ ہے کہ زندگی کے واقعات کا سلجھا ہوا مشاہدہ ضروری ہے جس میں انسانی نفسیات کا مطالعہ بھی شامل ہے۔ چونکہ مزاح زندگی سے راست طور پر مربوط ہے۔ طنز و مزاح میں خیال آرائی اور مضمون آفرینی کی گنجائش کم ہی ہے۔ اس کے بعد دوسری اہم بات یہ ہے کہ مزاح نگار میں مزاح انگیزی، مزاح تراشی، مزاح پسندی اور مزاح طرازی کا جوہر بھی ہو۔ برہان حسین کے مضامین کا مطالعہ کرنے سے یہ بات تسلیم کرنا پڑتی ہے کہ ان میں دونوں باتوں کا اچھا امتزاج موجود ہے اور یہ ان کی فطرت کا جزو بن کر ان کی

شخصیت کا ایک حصہ بن گئی ہیں۔ ان کے مزاح میں آورد نہیں بلکہ آمد ہی آمد ہے۔ ان کے موضوعات کہیں سے لائے ہوئے نہیں ہیں بلکہ وہی ہیں جو ان کے اطراف بکھرے پڑے ہیں۔

پیشہ کے اعتبار سے برہان حسین سائنسدان ہیں۔ صاحب قلم ہونے کا قدرتی تقاضہ ہے کہ وہ سائنس میں جو کچھ جانتے ہیں اور دوسروں تک پہنچانا چاہتے ہیں تو لکھ دیتے ہیں۔ محنت و کوشش نے انھیں اس میدان میں بھی ایک انفرادی رنگ دیا ہے۔ بے شمار مضامین ملک کے بڑے جرائد میں شائع ہو کر مقبول ہو چکے ہیں اور دو کتابیں اشاعت کے مختلف مراحل میں ہیں۔ عہدِ حاضر میں کوئی بھی فن برائے فن نہیں سمجھا جاتا اور اگر کوئی فنکار اس پر اصرار کرے تو وہ فن شناسوں کو متاثر نہیں کر سکتا اس طرح طنز و مزاح بھی صرف برائے طنز و مزاح کسی طرح بھی قابل قبول نہیں ہے اور اس طرح ہو بھی جائے تو یہ بات لطیفہ گوئی کی حدوں سے آگے نہیں بڑھتی۔ اس لئے اچھا مزاح نگار انسان کی نفسیاتی الجھنوں کے ساتھ ساتھ معاشی اور سماجی مسائل کو بھی اپنا موضوع بناتا ہے۔ اس طرح بات صرف قہقہوں کی گونج تک محدود نہیں رہتی بلکہ اس کی تہ میں کوئی سنجیدہ مسئلہ بھی پایا جاتا ہے۔ برہان حسین کے فن کا شعور بھی وسیع ہے جس میں گھریلو زندگی اور سماجی مسائل کے گہرے مطالعہ کی جھلکیاں ملتی ہیں ان کا یہ مجموعہ احباب اور مداحوں کے اصرار پر خاص اہتمام سے فوٹو آفسٹ پر شائع کیا جا رہا ہے۔ ادب میں ان کے موجودہ مقام سے اس امر کا یقین ہے کہ اسے ہاتھوں ہاتھ لیا جائے گا۔

سخن نافہم لوگ

ایک صاحب مخدوم کے اس مصرعہ "جور ہے جور کی فریاد نہیں داد نہیں" کو اس طرح پڑھ رہے تھے " جورُو (بیوی) ہے جورُو کی فریاد نہیں داد نہیں.... میں نے انھیں ڈانٹا کہ انھیں اس بات کا اختیار نہیں ہے کہ وہ اشعار کی صورت بگاڑیں۔ وہ بولے " کیا کہا اختیار؟..... واہ صاحب

ناحق ہم لنگوروں پر تہمت ہے مختاری کی
چاہے ہے سو آپ کریں ہیں ہم کو عبث بدنام کیا

اس شعر سے میرؔ اور پھر اُن کا قول یاد آگیا کہ ایسے لوگوں میں بیٹھنے سے زبان خراب ہو جاتی ہے۔ پس ہم سڑک پر نکل آئے۔ سامنے آٹو رکشا کھڑا تھا اس کی پشت پر یہ شعر لکھا تھا

ہم آٹو والوں کی بھی ایک عمر بسر ہوتی ہے
شام ہوتی ہے ہمدم نہ سحر ہوتی ہے

شام کی ٹرین میں سوار ہوئے۔ ڈبہ میں ایک شاعر اپنے شاگردوں سے بات چیت کر رہے تھے۔ شعر بھی پڑھتے جاتے تھے۔ دس بجے رات ایک اسٹیشن پر ایک پہلوان سوار ہوا۔ اس نے چند اشعار سنے پھر شاعر سے مخاطب ہو کر پوچھا" آپ شاعر ہیں؟ ......

اور یہ آپ کے شاگرد ہیں؟ .... یہ آپ کی بیاض ہے؟"...

شاعر صاحب نے خوش ہو کر جواب دیا " جی ہاں، جی ہاں جی ہاں ۔ ۔ ۔ ۔ ۔ شعار سنئے گا؟" پہلوان نے ان کے ہاتھ سے بیاض لے لی اور کہا " اب خاموش سو جاؤ۔ بیاض صبح دوں گا۔" شاعر صاحب نے پریشان ہو کر بے بسی سے شاگردوں کو دیکھا۔ شاگرد بھی کمزور اور بے بس تھے۔ شاعر صاحب نے کھنکھار کر اپنے شاگردوں سے کہا " چلو بچو! بیاض کی حفاظت کا انتظام ہو گیا۔ اب بے فکری سے نیند کے مزے لوٹو" مگر میں نے دیکھا کہ شاعر صاحب جاگ رہے تھے اور ان کی آنکھوں میں آنسو تھے اور وہ پہلوان کو گھور رہے تھے۔ پہلوان نے اپنے گال کھجائے اور بولا " ارے ساعر بھیاّ! وہ بابو میاں قوال لیا اچھا سیر گاتا تھا۔

مرنے کا ایک دن موئن ہے
پھر نیند کیوں نہیں آنے کو کرتا

شاعر صاحب نے مجھے دیکھا اور رونے لگے۔ میں نے دلاسا دیا " جانے دیجئے استاد! خدا اس سے بدلہ لے گا۔ غالبؔ کا شعر غلط پڑھتا ہے۔ کم بخت"

ہمارے پڑوسی شرفو میاں لاوڈ اسپیکر والے کا قصہ ہی دوسرا ہے۔ جس طرح تاریخ ہند میں بادشاہ گر مشہور رہیں اسی طرح شرفو میاں شاعر گر مشہور ہیں۔ کتنے ہی ایسے ویسے شاعروں کو شرفو میاں نے ایک ہی مشاعرہ میں آل انڈیا بلکہ انڈو پاک شاعر بنا دیا تھا۔ اُن کی ٹکنک یہ تھی کہ جب کسی شاعر کو داد ملتی تو وہ لاؤڈ اسپیکر کی آواز کو اونچا کر دیتے۔ اس سے معمولی داد کا شور بھی اس قدر بے ہنگم محسوس ہوتا کہ یوں لگتا کہ جیسے شعر نے دھماکہ کر دیا اور شاعر نے مشاعرہ لوٹ لیا۔

مشاعروں کی رات دن کی شرکت سے شرفو میاں خود کو سخن فہم سمجھنے لگے تھے۔ ایک دفعہ وہ ہم سے بولے " آپ میں ادبی ذوقیت نہیں ہے۔ آپ مشاعروں میں کیوں نہیں آتے؟"

ہم نے کہا" بھئی اب ایسے شاعر ہیں کہاں کہ انھیں سنا جائے"۔

شرفو میاں نے حقارت سے ہنس کر کہا" کمال ہے صاحب! آپ نے نئے شاعروں کو سنا بھی ہے۔ ۔ ۔ نہیں سنا نا؟ ۔ ۔ ۔ چراغ علی چراغ کو سنا ہے۔ حالانکہ ہر آٹو رکشا، ہر پان کے ٹھیلہ پر حد یہ ہے کہ سیکل رکشاؤں پر بھی انہی کے اشعار لکھے ہوتے ہیں بلکہ اب تو میر کے اشعار کی طرح ان کے اشعار بھی لاریوں پر لکھے ہوئے شہر شہر جانے لگے ہیں اور میری سالی تو اس کی حافظ ہے صاحب"۔

ہم نے چونک کر کہا" واہ حافظ ہے ماشاءاللہ"۔

وہ بگڑ کر بولے" ارے آپ ہیں کدھر۔ میرا مطلب ہے وہ چراغ علی چراغ کے اشعار کی حافظ ہے۔ سنیں گے آپ؟ ۔ ۔ ۔ غزل او ۔ ۔ ۔ ۔ غزل بٹیا"۔

ہم نے شوق سے دروازہ پر پڑے پردہ کی طرف دیکھا اور دل میں سوچنے لگے،" واہ کیا نام ہے غزل" ایک حسین نازک اندام لڑکی کی تصویر تصور میں کھنچ آئی۔ اتنے میں ایک نہایت پستہ قد، سیاہ فام، موٹی اور معمر عورت کمرہ میں گویا آ گری۔

ہم نے کہا کہ" شرفو میاں! اس کا نام کلِے رکھیئے کلِے"۔

شرفو میاں نے چونک کر کہا" کلی؟ ایسا نام نہیں ہوتا بھائی"۔

ہم نے کہا" کلِے، محمد علی کلِے باکسر"

شرفو میاں انجان بن کر غزل سے بولے" بھئی چراغ علی کے اشعار تو سناؤ" وہ بولی" بھائی میاں۔ آپ مَردوں کے نام لے کر مجھے مت چھیڑیئے۔ میں تو مَردوں کو دیکھتی بھی نہیں۔ ۔ ۔ ۔ مگر چراغ علی کون ۔ ۔ ۔ ۔ ۔ ایک تو بھائی کے دوست ہیں جن کے گال پر تِل ہے گول گول، بے وفا آنکھیں ہیں۔ دوسرے تو اپنے پڑوسی ہیں جو گلاب کے پھول بھجواتے ہیں بے چارہ کالے ہیں مگر ناک نقشہ اچھا ہی ہے۔ مسکراتے بھی اچھا ہیں اور تیسرے تو آپ کے کزن ہیں، گورے گورے جن کا نچلا ہونٹ بڑا" سیکسی" ہے۔ بھئی اور بھی چراغ علی

ہیں مگر امی تو مردوں کا نام لیتے ہی میری ناک کاٹ لیں گی۔"

شرفو میاں نے مداخلت کی " ارے یہ سب نہیں۔ وہ نمائش میدان کے مشاعرہ والے چراغ علی"

غزل نے پوچھا" کس مشاعرہ کے؟ جس میں وہ رضا صاحب کے داماد مجھے آنکھ مارے تھے۔"

شرفو میاں نے کہا" اری منّی اس مشاعرہ میں تو نے گلابی پھولدار شلوار پہنی تھی اور ......"

غزل نے نخرے سے کہا"ابا کیا لوگ گھور رہے تھے مجھے۔ ہوں! ان لوگوں کا گھر دل کو جا کر کیا حال ہوا کی۔ ہم تو مزے سے گھر آئے ۔.. گئے تھے۔"

ہم نے بور ہو کر کہا" آپ کی سالی خوب چیز ہے صاحب"

شرفو میاں قہقہہ مار کر فخر سے" ہو گئے نا آپ بھی اس کے الڑھ پن پر لٹّو"

ہم نے چڑ کر کہا" لٹّو، گلی ڈنڈا، کبڈی یہ سب آپ ہوتے رہیے۔ میں تو چلتا ہوں"

ایک اور سخن فہمی کے دعویدار تھے۔ انھوں نے اپنے نام کے ساتھ چپکے سے" مولانا" چپکا لیا تھا۔ دودھ کا کاروبار کرتے تھے۔ مشاعروں کو چندہ دیتے دیتے اب صدارت کی شرط بھی رکھنے لگے تھے۔ ان سے ایک غیر رسمی گفتگو کا خلاصہ ملاحظہ ہو۔

ہم نے پوچھا" مولانا جدید غزل گو شعراء میں آپ کو کون زیادہ پسند ہے۔

وہ بولے" بھئی طلعت محمود"

ہم لاسوال ہو کر مولانا کو منہ پھاڑے دیکھنے لگے۔ پھر سمجھ میں آیا کہ مولانا غزل گو شاعر سمجھے نہیں۔ لہٰذا ہم نے پھر اپنا سوال یوں دُہرایا" اور کوئی غزل گو شاعر جو آپ کو پسند ہے"

وہ ڈھٹائی سے بولے" جی پھر؟ ..... مہدی حسن"

ہم نے کہا" خیر چھوڑیے۔ کیا غزل میں آپ بھی غالب کے شیدائی ہیں؟"

وہ بولے " ارے صاحب غضب کا شاعر تھا لیکن مجھے بعض غزلیات میں عجیب الجھن ہوتی ہے کیوں کہ ریڈیو والے کبھی سہگل کا نام لے کر بجاتے ہیں کبھی غالب کا۔ بھئی ہم لوگ جنوبی ہند والے شمالی ہند کے شاعروں سے دور ہوتے جارہے ہیں۔ اُدھر بھی اچھے شاعر ہیں بھائی۔ اس کا اندازہ اُدھر سے آنے والی لاریوں پر کے اشعار پڑھنے سے ہوتا ہے جیسے یہ شعر میں نے دہلی کی ایک لاری پر پڑھا تھا۔

فلک کو پڑا کبھی دل جلوں سے کام نہیں
لاری سے نہ کچل دوں تو شیخ چاند نام نہیں

ہم نے پوچھا " آپ اردو کے مستقبل سے مایوس تو نہیں ہیں ؟"

وہ جوش میں کھڑے ہوگئے اور پھر گرج کر بولے " نہیں صاحب ! جب تک دودھ پانی کا کاروبار چل رہا ہے مایوسی کی کوئی وجہ نہیں بلکہ میرا ارادہ چھ بھینسوں کا ایک اردو ٹرسٹ قائم کرنے کا ہے۔ اس کا اعلان میں آئندہ انڈو پاک مشاعرہ کی صدارت حاصل کر کے کرونگا۔"

ہم نے سوال کیا " ہندوستان میں نئی نسل کی اردو سے ناواقفیت کے بارے میں آپ کی کیا رائے ہے ؟"

وہ بولے، " دیکھئے صاحب! لوگ مجھے اردو کا شکسپیر کہتے ہیں۔ کچھ سمجھ کر ہی کہتے ہوں گے اور ٹھیک ہی کہتے ہوں گے لیکن میرے بچے اس بات کو نہیں مانتے۔ وہ کہتے ہیں کہ انھوں نے شکسپیر کو پڑھا ہے۔ میں کہتا ہوں کم بختو! تم لوگوں نے مجھے نہیں پڑھا ہے۔ ان نالائقوں کا یہ حال ہے کہ انھیں انگریزی میڈیم کی تعلیم میں کہیں کا نہ رکھا۔ ایک دفعہ میں نے منجھلے لڑکے سے کہا " اردو تمہاری مادری زبان ہے" تو وہ کہنے لگا "ڈیڈی نوکروں کو آپ گالی تو دیتے ہی ہیں۔ کاروباری مجبوری ہوگی مگر بچوں کو تو ماں کی گالی نہیں دینی چاہئے۔" مگر میرے ایک شاعر دوست ہیں۔ اُن کا کہنا ہے کہ پھر بھی مایوسی کی

کوئی وجہ نہیں کیونکہ لڑکے جب عشق کریں گے تو اردو شاعری کی طرف خود رجوع ہونگے

ہم نے یوں ہی سوال کیا" آپ نے یہ بین کیوں رکھی ہے"۔

وہ بولے " اردو محاوروں کا لطف اٹھاتا ہوں۔ سہولت ہے اس لئے کبھی کبھی بھینس کے آگے بجا لیتا ہوں"۔

ہم نے آخر میں پوچھا " نوجوانوں کے لئے کوئی پیام جو آپ پہنچانا چاہیں گے"۔

وہ بولے " میری نوجوانوں سے صرف یہی استدعا ہے۔ اہلِ اردو ہی کی لڑکیوں سے محبت کیجئے اور ان ہی سے شادی کیجئے۔ میری تین لڑکیاں ہیں۔ ان کا خیال رکھیں، بس۔

" میرا پیغام محبت ہے جہاں تک پہنچے"

موٹی بیوی
ہائے ہائے

میرے کالج کے زمانے کا دوست محمود پورے پندرہ سال کے بعد ملا۔ اس کے ساتھ ایک بہت موٹی عورت بھی تھی جس کی صورت جانی پہچانی تھی۔ میں اور محمود گلے مل چکے تو محمود نے کہا" ارے شرفو میاں! تم میری بیوی سے کچھ انجان انجان سے ہو۔ غالباً پہچانا نہیں" موٹی ہو گئی ہے نا"..... مگر یہ وہی اپنے کالج کی نازک اندام چھریرے بدن کی اور ہرنی کی سی چال والی شوخ دشنگ حسینہ صوفیہ تو جس کی چال پر وہ مصرعہ پڑھتا تھا۔

جب یہ چلے.... زمین چلے...... آسمان چلے....

اب دیکھا۔ اب پڑھو کوئی مصرعہ۔

میں نے حیران ہو کر صوفیہ کو دیکھا۔ دل کو ایک دھکا سا لگا لیکن میں نے سنبھل کر یہ مصرعہ پڑھ ہی دیا۔

جب یہ ہلیں..... زمین ہلے.... آسمان ہلے

صوفیہ نے شرما کر کہا" چلو چلو بس کرو۔ موٹا ہونا تو خوش رہنے کی علامت ہے"۔

میں نے کہا وہ چلئے آپ خوش ہیں مگر محمود بے چارہ کو دیکھئے۔ کس قدر دُبلا ہے۔

آپ کا مطلب ہے کہ محمود آپ کے ساتھ خوش نہیں ہے۔

صوفیہ نے کہا" اچھا ہے رہنے دو۔ یہ بتاؤ تمہاری شمو رانی کیسی ہے۔ وہ تمہاری

لہراتی بل کھاتی ناگن ویسی ہی ہے یا میری طرح تھوڑی سی موٹی ہو گئی۔ وہ اب بھی گانا گاتی ہے۔"

میں نے کہا۔ جی نہیں۔ عرصہ ہوا اس نے گانا چھوڑ کر کھانا شروع کر دیا تھا۔"

صوفیہ نے کہا" میرے پاس اب بھی اس کی تصویر ہے۔

"یاد ہے محمود شمّو نے کالج کے اسٹیج پر ایک گانا گایا تھا۔ اس کا ایک شعر تھا۔

تم حفاظت سے مری تصویر رکھنا اپنے پاس
دن گزرتے جائیں گے صورت بدلتی جائے گی

محمود۔" ہاں ہاں۔ گویا اس نے تمھیں خبردار کر دیا تھا۔۔۔" یار! اِن بیویوں کے موٹاپے کا کچھ کرنا چاہئے۔ بھئی ایئر لائنس والے بڑے عقلمند لوگ ہوتے ہیں کہ لڑکیوں کو شادی کرتے ہی ایئر ہوسٹس کی نوکریوں سے نکال دیتے ہیں۔

میں نے کہا" اور ہم بے وقوف ان کو شادی کے بعد حاصل کرتے ہیں گویا انکے DISPOSAL کی چیزیں ہمارے حصہ میں آتی ہیں۔"

محمود نے کہا" بھئی ہندوستانی SAMPLE ایک دکھا کر دوسری چیز سپلائی کرنے میں بدنام ہیں ہی جو SHAPE کھو دیتی ہیں۔ ارے حد ہو گئی میں فرسٹ فلور پر رہتا تھا شادی کے بعد جب صوفیہ نو من کی ہو گئی تو کم بخت مکاندار نے ہمیں گراونڈ فلور پر منتقل کر دیا۔۔۔۔ بھئی شرفو میاں! تجھے یاد ہے میں صوفیہ کو شادی کے بعد گود میں اٹھا کر لایا تھا۔"

میں نے ہنس کر کہا" اور نہیں تو کیا۔ تم تو ان کو اٹھانے کی مشق کالج اور پارک کے گوشوں میں بھی کیا کرتے تھے۔"

صوفیہ شرما گئی تو محمود نے کہا" ارے مذاق چھوڑ یار۔ اب ہمارے بچّے کہتے ہیں کہ دولہے تو دلہنوں کو گود میں اٹھا لیتے ہیں۔ ڈیڈی ممّی کو نہیں اٹھا سکے ہوں گے اور چیالنج کرتے

ہیں کہ اب اٹھا کر دکھاؤ۔"

میں نے کہا" ارے تو تصاویر دکھانا تھا"

" دکھایا بھائی۔ نالائق کہتے ہیں کہ یہ تو کیمرہ ٹرک ہے"

محمود کہے جا رہا تھا" ہائے کالج کا دور بھی کیا زمانہ ہوتا ہے۔ جب اللہ میاں دبلی پتلی رنگ برنگی لڑکیوں کو ہمارے اطراف اس طرح بکھیر دیتے ہیں جیسے رنگ برنگی بغیر پھونکے ہوئے غبارے BALLOON اور ہماری عمر ایسی ہوتی ہے کہ ہر لڑکی حسین پری نظر آتی ہے۔

تجھے یاد ہے نا۔ شاہدہ کس قدر کالی کلوٹی تھی لیکن محسن خان اس سے محبت کرتا تھا اور جب اس نے بعد میں اس سے شادی کر لی تو کمار نے کہا تھا" ارے خان صاحب نے کالج کے رومانس کو" سیریس" لے لیا۔ اور وہ یاد ہے علی نواز کا شیلا کے ساتھ اسٹیج پر دوگانہ گانا۔

نئی نئی پریت ہے تو ہی تو میرا میت ہے

اور ہم سب کا ہوٹ کرنا" معلوم ہے بابو۔ چلنے دو"

میں نے پوچھا" ارے یار محمود۔ تو کالج کے زمانے میں بڑا رومانٹک تھا۔ خود کو لاکھوں دلوں کا مالک کہا کرتا تھا۔ اب کیا حال ہے؟"

محمود نے آہ بھر کر کہا" اب کہاں وہ دن۔ اِس دیوتی کے ساتھ دیکھ کر کون لڑکی ہمیں لفٹ دے گی۔ اب کا حال کچھ اس طرح ہے۔

فنکشن میں مل گیا تھا کالج کا ایک دوست
ہنس ہنس کے اس نے پچھلا یہ قصہ سُنا دیا
آئی پڑوس میں جب لڑکی جو ایک حسین
بیگم نے ڈالا تالا اور پردہ گرا دیا

اسی وقت ریڈیو پر یہ گانا بجا

اٹھائے جا ان کے ستم اور جیئے جا

چند دن قبل میں یونہی سڑک کے کنارے کھڑا تھا۔ وہاں کچھ رکشے بھی تھے۔ پڑوس کا ایک لڑکا رکشا چکار رہا تھا۔ رکشے والا جب اس کے بتائے کرایہ پر جانے کو راضی نہ ہوا تو دوسرے رکشے والے نے کہا" دو سواریوں کے واسطے کرایہ واجبی تھا نا استاد؟"

اس پر پہلے والے نے کہا" ارے باپ رے وہ سواریاں ہیں۔ بھینس ہیں میاں۔ ایک گدی پر بیٹھتی ہے دوسری کشتی میں۔۔۔۔ اب سوچو تو شرفو بھائی اپنی کیا عزت ہے۔"

میں نے کہا" اچھا چھوڑو اس ذکر کو"

محمود نے آہستہ سے کہا" ہم لوگوں نے ایک سوسائٹی بنائی ہے۔ موٹی بیویوں کے شوہروں کی تاکہ دِل کا غبار نکلے۔ اس کی ممبر شپ کی شرط ہے بیوی کا وزن ایک کنٹل یا زائد۔۔۔۔۔"

سوسائٹی کا اجلاس ایک بڑے کمرے میں شروع ہوا جس میں ہر طرف موٹی موٹی عورتوں کی شکلیں یا پینٹنگس لگی ہوئی تھیں۔ برج بھوشن صدارت پر بیٹھے تھے جنھوں نے تین ایک سے بڑھ کر ایک دُبلی لڑکیوں سے شادی کی تھی لیکن سبھی موٹی ہوگئیں۔

سب سے پہلے سیٹھ کندن لعل نے کہنا شروع کیا کہ جب ان کی بیوی دُبلی پتلی اور خوبصورت تھی تو"

ایک آواز آئی" دُبلی کتنے دن رہی؟"

کندن لعل نے آہ بھر کر کہا" دو روز میں وہ پیار کا عالم گزر گیا، برباد کرنے آیا تھا برباد کر گیا!"

ایک صاحب نے جن کی بیوی شروع ہی سے موٹی تھی کہا" ہوں۔۔۔ ایک تبسم بھی کسے ملتا ہے۔" کندن لعل نے کہا" جب میری بیوی خوبصورت اور چھریری تھی تو لوگ

اُسے تاکا کرتے تھے اور میں سوچا کرتا کہ کسی نے سچ کہا کہ خوبصورت بیوی کا شوہر تاج محل کے چوکیدار کے مانند ہوتا ہے کہ لوگ تاج محل کو دیکھ کر لطف اٹھاتے ہیں اور وہ اُن کی نظریں دیکھتا رہتا ہے۔"

لیکن اب ۔ اب جب کہ میری بیوی موٹی بھدی ہوگئی ہے تو بھی لوگ اسے تاکتے ہیں۔ مدر نے کہا " کندن لعل! لوگ تاج محل کو بھی تاکتے ہیں اور بیجا پور کے گول گنبد کو بھی"

کندن لعل نے کہا کہ پہلے جب وہ تاکتے تھے تو میں ان کی نظریں ٹٹولتا تھا کہ کہیں میری بیوی کو نہ لے اُڑیں "

کسی نے پوچھا " اور پھر؟"

" اور پھر میں ٹٹولتا تھا کہ کب لے اُڑیں گے"

" اور پھر؟"

" اور پھر میں اُن کو گالی دینے لگا کہ سالے دیکھتے ہیں چلے جاتے ہیں۔ مجھے خوف ہے کہیں دوسرے کی بیوی کو بھگا لے جانے کی رسم ہمارے سماج سے اٹھ نہ جائے۔"

کندن لعل کے بعد اناؤنسر نے فلم ایکٹر بھارت کمار کا نام پکارا ۔ بھارت کمار کے نام کے ساتھ ہی حاضرین میں کھسر پھسر شروع ہوئی " ارے ۔ اس کی کون سی بیوی موٹی ہوگئی "۔

بھارت کمار جب کھڑا ہوا تو اس کا ایک ہاتھ پٹیوں میں لپٹا ہوا اور گردن سے لٹکا ہوا تھا۔ حاضرین نے پکارنا شروع کیا " ارے، کیا ہوا۔ کس نے ان کا ہاتھ توڑا"۔ اناؤنسر نے کہا " حضرات! کل رات ان کی موٹی بیوی ان کے ہاتھ پر غلطی سے بیٹھ گئی تھی"۔

حاضرین نعرے لگانے لگے " شیم ..... شیم "

بھارت کمار نے کہا " یہی نہیں، دوستو! جب میں اپنی موٹی بیوی کے ساتھ فلمی پارٹیوں میں جاتا ہوں "۔

ایک آواز آئی " دبلی بیوی کے ساتھ جائیے۔ آپ کو تو بہت چلا مزہ ہے"۔

بھارت کمار نے کہا" اب میرے پاس کوئی دبلی نہیں رہی۔ تو صاحبو! جب میں پارٹی میں جاتا ہوں تو لوگ پوچھتے ہیں " ارے بھارت کمار جی۔ آپ ماں جی کو لے آئے کیا بی بی جی نہیں آئیں"۔

صدر برج بھوشن نے جو کسی زمانہ میں اسٹیج پر کام کرتا تھا، خالص مغل اعظم کے لہجہ میں کہا۔

"بھارت کمار تمہارا کیس واقعی ہمارے انصاف کا مستحق ہے"۔

بھارت کمار نے جو پرتھوی راج کی آواز کی نقل سنی تو اس نے بھی دلیپ کمار کے شہزادہ سلیم والے لہجہ میں کہا " آج آپ لوگوں کو میری بیوی کے موٹاپے اور میرے ضبط کی حدیں مقرر کرنی ہوں گی"۔

صدر نے کہا" اگر چہ تمہاری بیوی موٹی ہے، بھاری ہے لیکن تمہیں زندگی تمام اسی طرح ضبط کرنا ہوگا"۔

بھارت کمار نے کہا" کیا یہی اس کانفرنس کا انصاف ہے"۔

صدر نے کہا" تم سمجھتے کیوں نہیں بھر تو۔ تمہاری بیوی ایک منسٹر کی بیٹی ہے جس نے جنتا راج کے دور میں بھی کانگریس آئی کو نہیں چھوڑا تھا۔ ایسے شخص کی بیٹی " ڈِ فکشن" نہیں کر سکتی۔ وہ ایک ہی شوہر کو " اسٹک" کرے گی"۔

سیٹھ عبدالحفیظ نے تجویز پیش کی کہ دنیا میں ہر سکنڈ ہینڈ اور پرانی چیز کا ہراج ہوتا ہے۔ پرانی بیویوں اور پرانے شوہروں کا ہراج کیوں نہیں ہوتا"۔

کسی نے پوچھا" آپ کس کی بیوی خریدنا چاہتے ہیں؟"

عبدالحفیظ نے کہا" جی نہیں۔ میں سوچتا ہوں اگر ہراج ہوا تو میں پہلی بولی دینے والے ہی کو اپنی بیوی دے دوں گا کہ اب میاں اس موٹی کو لئے پھرو"۔

سیٹھ کیدار ناتھ نے کہا" اُفوہ ۔۔ اس موٹی پر کون بولی لگائے گا۔ پوری دیونی ہے۔"

(سب قہقہے لگاتے ہیں)

عبدالحفیظ نے غصّہ سے کہا" تمہاری بیوی تو شیطان ہے۔ وزن کرنے کی مشین پر کھڑی نہیں ہو سکتی۔"

" اور تمہاری بیوی تو موٹر میں نہیں بیٹھ سکتی۔ نئی کار کا دروازہ توڑ دیا تھا۔ بھول گئے؟"

عبدالحفیظ نے کہا" بکواس مت کرو۔ میں اپنی بیوی کے خلاف کچھ نہیں سنوں گا۔ میں اس سے بہت محبّت کرتا ہوں۔"

کسی نے کہا" کرنا پڑتا میاں۔ نہیں کیے تو ۔۔۔۔۔ ہم کو تمہاری مجبوری معلوم ہے۔"

صدر نے مداخلت کی" آرڈر۔ آرڈر۔ یہ آپ لوگ اتنی موٹی بیویوں کے لئے ایکدوسرے سے لڑ رہے ہیں۔ شرم کی بات ہے۔"

اناؤنسر نے کہا" چونکہ آج کل ہر کانفرنس میں کسی نہ کسی کتاب کی رسمِ اجرا انجام دی جاتی ہے اس لئے اس کانفرنس میں بھی عزیز احمد کی کتاب" عشق کا کمال" ایک صاحب نے کہا" ارے آپ اپنی بیوی کے اور اپنے خطوط شائع کر رہے ہیں۔"

عزیز احمد نے کہا" حضرات! یہ خط میں نے اپنی بیوی کو لکھے تھے۔ شادی سے پہلے جس میں میری بیوی کی دراز قدی، دراز گیسوئی، آہو چشمی، آہو خرامی کا ذکر ہے۔ اب تو یہ سب کچھ نہیں رہا۔ چونکہ میری بیوی بالکل اپنی ماں پر گئی ہے۔ وہی فربہ اندام جسم، وہی مضبوط بازو، چال ڈھال میں پہلوانوں کی سی شان۔"

حضرات! میرے نام سے میرے دوست نے خطوط لکھے اور میری بیوی اپنی ایک سہیلی سے خطوط لکھواتی تھی۔ اس طرح اُن دونوں کی بھی شادی ہو گئی۔ پھر اُن دونوں میاں بیوی میں بڑی محبت ہوئی۔ دونوں اسکوٹر پر گھوما کرتے۔" بس یہیں سے میرے دوست کی مصیبتوں کا آغاز ہوا۔"

وہ کس طرح؟"

ہوا یہ کہ اسکوٹر کے لٹریچر میں لکھا تھا کہ اسکوٹر پر ۱۵۰ کلو سے زائد وزن نہیں ہونا چاہئے۔ میرے دوست کی بیوی موٹی ہوتی گئی اور وزن کو "ایڈجسٹ" کرنے کی خاطر میرا دوست اپنا وزن کم کرتا گیا حتیٰ کہ جب اس کی بیوی کا وزن ۱۵۰ کلو کے قریب پہنچا تو میرا دوست اس قدر لاغر ہوگیا کہ خود سے اٹھ نہیں سکتا تھا۔ چنانچہ جب اس نے خودکشی کا فیصلہ کیا تو ہم دوست اس کو اسٹریچر پر رکھ کر حسین ساگر لے گئے۔ اور اسے جھیل میں پھینک دیا۔ لیکن افسوس وہ اس قدر ہلکا ہوگیا تھا کہ تھرماکول کی طرح پانی کی سطح پر تیرتا رہا۔"

لوگ زور زور سے آہ وزاری کرنے لگے کہ واقعی بے چارہ فربہ زوجگی کے ظلم کی سچی تصویر بن گیا تھا۔"

صدر نے اناؤنسر سے سیٹھ جھنجھن والا کا نام پکارنے کے لئے کہا۔"

اناؤنسر نے کہا" سر! کل خبر ملی تھی کہ اُن کی بیوی نے انھیں بالکنی سے نیچے گرا دیا تھا...۔ اور ابھی ابھی خبر ملی ہے کہ ان کی پہلوان بیوی اس کانفرنس کو برباد کرنے کے لئے گھر سے نکل چکی ہے۔ چنانچہ سیٹھ جھنجھن والا کو چھپا دیا گیا ہے۔"

لوگ پریشانی میں اٹھ کھڑے ہوئے اور کچھ شوہر دروازے بند کرنے دوڑے۔

صدر نے کہا" آپ لوگ بیٹھ جائیے۔ کوئی پریشانی کی بات نہیں۔ سیٹھ جھنجھن والا کی بیوی کو آنے دیجئے۔ چپراسی! صرف بڑا دروازہ بند کر دو۔"

اور
آنا
لندن سے
ماہرِ ٹرافک کا

لندن سے ایک ماہرِ ٹرافک کو شہر حیدر آباد کی ٹرافک کے مسائل کو حل کرنے کے لئے بلایا گیا۔ وہ پہلی شام تھی۔ ہم اسکو عابد روڈ کے چوراہے پر کھڑا کئے ہوئے تھے۔ اس نے تھوڑی دیر ٹرافک کا نظارہ کرنے کے بعد کہا " وِل مسٹر! یہاں کی ٹرافک کا کیا مسئلہ ہے...... مجھے تو کچھ خاص بات نظر نہیں آئی......

ہم نے کہا جی! یہ جو سامنے آپ کو بلڈنگ نظر آرہی ہے وہ پیالیس ٹاکیز ہے۔ یہ یہاں سے پورے دو کلومیٹر ہے"

وہ حیرت سے مجھے دیکھنے لگا " کیا آپ پوری طرح سنجیدہ ہیں"

ہم نے کہا " مسٹر وہاں تک جانے کے لئے آپ کو پہلے اس سے ایک کلومیٹر دور جانا پڑے گا پھر دوڑ کر واپس آنا پڑے گا"

" وہ کیوں؟"

" اس لئے کہ یہ وَن وے ہے"

" اوہ...... ہاؤ فنی"

ہم نے کہا " یس ــ وِری فنی"

ہم اس کو چارمینار لے گئے۔ اس نے چارمینار کو دیکھنے کے بجائے سامنے بیچ سڑک

پر بیٹھے ہوئے بیل کو دیکھا۔ اس کی ہر طرف سے تصاویر لیں پھر پوچھا

" یہ بیل اصلی ہے؟"

ہم نے سینہ پھلا کر کہا " جی ہاں ۔ بالکل اصلی ہے"

اب ہم گولکنڈہ کی طرف اسکوٹر پر جارہے تھے۔ شام ہو چکی تھی۔ سڑک سیاہ تھی اور اندھیرا تھا۔ دفعتاً اسکوٹر اُلٹ کر گری۔ معلوم ہوا کہ " اسپیڈ بریکر" تھا۔ منہ کے بَل گرنے سے دانتوں سے خون نکلنے لگا تھا لوگوں نے ہمیں اٹھا کر ہوٹل پر پہنچا دیا۔ منہ دھویا گیا، چائے پلائی گئی۔ پان والے نے ڈریس میں دیکھ کر مفت پان پیش کیا۔ ہم نے منہ میں رکھ کر چبایا اور ہماری چینخ نکل گئی۔

" ارے میاں ۔ پان میں پتھر ہے"

پان والے نے اطمینان سے کہا " دانت ہوگا صاحب دانت "

ہم نے پان اگلا تو واقعی دانت نکلا۔

پان والے نے کہا " ہوتا صاحب۔ آپ کا اسپیڈ بریکر کا کیس ہے نا؟"

ہم نے چینخ کر کہا " اسپیڈ بریکر اس طرح بنایا جاتا ہے؟"

پان والا بولا " دیوار ہے صاحب۔ نظر نہ آنے والی دیوار۔ صاحب! اگر تانا شاہ قلعہ کے اطراف تین تین فصلیں بنوانے کی بجائے ایسے " گپت" اسپیڈ بریکر بنا دیتا تو اورنگ زیب کی فوج کے گھوڑے ٹھوکریں کھا کھا کے اوندھے گرتے اور آدھی فوج یونہی ڈھیر ہو جاتی "

لندن والے نے کہا " ہمارے یہاں تو اسپیڈ بریکر صرف اسکولوں اور دواخانوں کے آگے بنائے جاتے ہیں۔ ان پر نمایاں زیبرا پٹیاں ڈالی جاتی ہیں اور رات میں تیز روشنیوں کے مخصوص سگنل ہوتے ہیں۔

ہم نے کہا " یہاں الٹا ہے، یہاں اسکولوں کے علاقہ گن فونڈری میں کوئی اسپیڈ بریکر نہیں البتہ ہر گلی کوچہ میں موجود ہیں۔ پھر ان کو سڑک کی سیاہی میں چھپا دیا جاتا ہے۔

بھئی کلائمکس اگر معلوم ہو جائے تو پھر مزہ کیا۔ اس جگہ سے روشنیاں ہٹادی جاتی ہیں گویا وہاں سے گاڑیاں نہیں گزریں گی بلکہ سہاگ رات منائی جائے گی۔"

لندن والے نے کہا،" مگر ایسے اسپیڈ بریکرز سے فائدہ کی بجائے نقصان ہوتا ہے۔"

ہم نے کہا،" شادی سے پہلے فائدے اور شادی کے بعد نقصانات ہوتے ہیں۔"

وہ حیران ہو کر بولا،" یہ کیا بات ہوئی۔۔۔۔۔ سمجھاؤ تمہارا مطلب۔"

ہم نے کہا،" اب آپ سوچئے ایک آٹو رکشا میں ایک میل اور ایک فیمیل کزن سوار ہیں دونوں قربت سے فائدہ اٹھانا چاہتے ہیں مگر ہمت نہیں ہوتی۔ اتنے میں آٹو رکشا ایک اسپیڈ بریکر پر سے اچھلا۔ فیمیل کزن میل کزن پر آگرتی ہے۔ میل کزن اسے تھام کر آٹو والے کو دکھاتا ہے۔"

آٹو والا کرکٹ کے امپائر کی طرف سگنل دے دیتا ہے۔

" اِٹ اِز یور وکٹ سر۔"

" لندن والا ہنسا اور بولا،" اور شادی کے بعد؟"

ہم نے کہا،" ایک میاں بیوی ہمیشہ لڑتے رہتے تھے۔ بیوی کے گھر والے اس بات سے بیزار ہو چکے تھے۔ ایک دن اتفاق سے میاں کو ایک رشوت مل گئی۔ اس نے اس خوشی میں بیوی کو بہت سے روپے دیئے کہ وہ اچھے کپڑے اور چیزیں خرید لے۔ بیوی نے کہا" ہم چیزیں اور کپڑے خرید کر ذرا امّی کے پاس بھی ہو آئیں گے۔"

شوہر نے کہا،" ضرور چلی جانا"

بیوی نے خوب خریدی کر لی۔ پھر آٹو میں سامان کی گٹھریاں اور ڈبے رکھے اور چلیں۔ راستہ میں ایک اسپیڈ بریکر پر سے آٹو رکشا اُچھلا اور بیوی سڑک پر گر پڑی۔ پیشانی پر زخم لگا اور خون نکلنے لگا۔ لوگوں نے زخم پر پٹی باندھی اور دوبارہ اسے سامان آٹو میں جما دیا۔

اب جو امی کے گھر آٹو پہنچا تو بیوی یوں اتری کہ سر پر کے زخم سے خون رس رہا ہے، سامان کی گٹھریاں اور ڈبے ساتھ ہیں۔ بیوی کے بھائی نے یہ دیکھا تو سمجھا کہ بہنوئی نے اسے مار کر سامان کے ساتھ گھر سے نکال دیا ہے۔ بس وہ چپکے سے پچھلے دروازہ سے نکل گیا اور بہنوئی کو چھرا گھونپ دیا۔

دوسرے دن کی گفتگو کچھ اس طرح کی ہوئی۔

اس نے کہا" وِل مسٹر! آپ کا شہر کا دو حصہ ہے۔ ندّی کے دو طرف ایک پرانا شہر، دوسرا کم پرانا شہر۔"

ہم اس کم پرانے کی جدّت پر اچھل پڑے۔ ہم نے کہا" آپ کا مطلب پرانا اور نیا شہر ہے۔"

وہ بولا" نو نو۔ ہم اس کو نیا نہیں کہہ سکتا...... آپ کے پرانے شہر کی ٹرافِک قابلِ دید ہے اور کم پرانے شہر کی ٹرافک کم قابلِ دید۔"

ہم نے کہا" ارے یار۔ تم تو الفاظ کا استعمال اس قدر احتیاط سے کر رہے ہو جیسے وصیت لکھا رہے ہو۔"

اس نے کہا" بھئی ایک بات تو بتاؤ۔ یہ سنجے گاندھی کو فیملی پلاننگ کی کیوں سوجھی۔ وہ یہ مسئلہ تو یہاں کی ٹرافک پر چھوڑ سکتا تھا۔ بس تم لوگ ایک ہفتہ کے لئے ٹرافک پولیس کو ہٹا دو۔ پھر دیکھو ٹکرا ٹکرا کر آدھی آبادی صاف ہو جائے گی .... اچھا میں چند تجاویز پیش کرتا ہوں۔"

پہلی تجویز یہ ہے کہ آپ شہر کو ڈبل اسٹوری بنا لیجئے جیسے ہم نے یورپ میں بنایا ہے آپ دوکانیں، سنیما، ریلیں زمین کے نیچے کر دیجئے اور سڑکیں اوپر۔"

ہم نے کہا" نہیں ہو سکتا کیونکہ یہاں سیمنٹ اصلی نہیں ملتی اور نقلی سیمنٹ بھی کنٹراکٹر کم مقدار میں ڈالتا ہے۔ نتیجہ یہ ہو گا کہ زمین کے نیچے جو بھی جائے گا وہ اوپر کبھی نہیں آئے گا۔"

وہ بولا" او کے۔ آپ رکشے بند کر دیجئے کیوں کر یہ سڑک کے بڑے حصہ کو بڑی دیر تک گھیرے رہتے ہیں"۔

ہم نے کہا" یہ بھی نہیں ہو سکتا۔ اس شہر میں ہر گھنٹہ میں ایک درجن بچے پیدا ہوتے ہیں ان میں سے آدھے رکشا چلاتے اور آدھے اس پر سواری کرتے ہیں"۔

اس نے کہا" او، وو تو آپ کم از کم سیکلیں بند کر دیجئے"۔

ہم نے کہا" ارے بھائی سیکلیں بند ہوئیں تو یہاں ملنگانہ ایجی ٹیشن شروع ہو جائے گا"۔

"وہ کیا ہوتا ہے" اس نے پوچھا۔

" دیکھو میاں انگریز! اس شہر کے لوگ سیکل کی بدولت ہر غم سے دور ہیں۔ نئے شہر کا آدمی دس پیسے دے کر دونوں پہیوں میں ہوا بھرتا ہے اور نئے اور پرانے شہر کا ایک چکر لگاتا ہے اور پرانے شہر کا آدمی خود ہوا بھر لیتا ہے اور پمپ والے کو پانچ پیسے دے دیتا ہے۔ پھر وہ ہے اور اس کی سیکل"۔

وہ پوچھ بیٹھا" کم پرانے شہر والا ادھر پرانے شہر کو کیوں جاتا ہے"۔

ہم نے کہا" مجبوری ہے میاں مجبوری۔ اگر وہ نئے شہر میں پاجامہ کا کپڑا خرید کر سلا بھی لے تو ناڑا خریدنے اسے مدینہ بلڈنگ جانا ہی پڑتا ہے۔ تم کو ناڑے ناڑے کی آواز تو یاد ہو گی"۔

وہ چونک کر بولا" او ہو ہو۔ یس، وہ آواز ادھر کم پرانے شہر میں نہیں آئی۔

وہ بولا" اچھا تو پھر آپ اسپیڈ بریکر کو نکال ہی دیجئے۔ اس سے ٹرافک کی رفتار کم ہو جاتی ہے"۔

ہم نے کہا" ہر اسپیڈ بریکر ایک میموریل ہے"۔

" میموریل؟ کاہے کا؟"

" ارے صاحب! جس طرح انگریز لوگ جنگ میں مرنے والوں کے میموریل بناتے ہیں نا"

اسی طرح یہاں ٹرافک کے حادثہ میں جب کوئی مرتا ہے تو میونسپل کارپوریشن وہاں اس کی یادگار اسپیڈ بریکر بنا دیتی ہے۔

وہ غصہ سے بولا " پھر یہاں کی ٹرافک پولیس کیا کرتی ہے ؟"

ہم نے کہا " وہ صرف پرسنل ٹیکس وصول کرتی ہے "

اس نے پوچھا " پرسنل ٹیکس کسے کہتے ہیں "

" وہ رقم جو سرکاری خزانہ میں داخل نہیں کی جاتی "

اس نے کہا " اچھا آخر میں کم از کم آپ لوگ جانوروں کو تو سڑک پر سے ہٹا دیجئے۔ آپ لوگ اتنی بھینسوں کا کیا کرتے ہیں۔ بھئی امریکہ والوں نے بغیر بھینس کے ایک پورے صوبہ کا نام بفالو رکھ لیا ہے۔ حالانکہ یہ نام تو صد فیصد حیدرآباد کا حق ہے "

ہم نے کہا " بھئی افسوس۔ یہ بھی نہیں ہو سکتا۔ یہاں جانوروں اور انسانوں میں کوئی تفریق نہیں کی جا سکتی۔ اب دیکھئے بنڈی میں بیل لگا ہے اور رکشا میں آدمی۔ اگر ہم آدمی کو تو رکشا چلانے دیں اور بیل کو ہٹا دیں تو یہ بیل سے ناانصافی ہوگی اور پاپ الگ لگے گا "

اس انگریز نے یہ سُن کر ہمیں گلے سے لگایا اور آنکھوں میں آنسو لا کر کہا " یہ مسائل ٹرافک یہ تیرا بیان غالب "

ہم کہا " ماہرِ ٹرافک لندن۔ تمہاری تجاویز ہمارے لئے قابل عمل نہیں ہیں اور ان پر نہ تم کو اپنا ہارس پاور خرچ کرنے کی ضرورت ہے نہ ہی ہمیں "

اس نے بگڑ کر کہا " واہ تو پھر مجھے اس گرم ملک میں بلانے کی کیا ضرورت تھی "

ہم نے کہا صرف اس لئے کہ ہماری ٹرافک پولیس کے سالانہ بجٹ میں رقم بچ گئی تھی اور سال ختم ہو رہا تھا۔ اب آئندہ سال اسی بجٹ میں، میں تم سے اِنہی مسائل پر مشورہ کرنے لندن آؤں گا۔۔۔۔ گڈ بائی۔ خوش رہو اور ڈیٹ کرو "

وہ بولا " او کے۔ ضرور آؤ لیکن واپس ضرور جانا "

رسمِ اجراء

آخر جب ناول "ٹوٹتی کمر" چھپ کر ہمارے ہاتھوں میں پہنچا تو مرزا صاحب نے ہاتھ چوم کر اس کے مصنف یعنی ہمیں دلی مبارک باد پیش کی۔مرزا صاحب کی آنکھیں بند ہوئیں تو ان کی آنکھیں ڈبڈبا گئیں اور ان کی داڑھی خوشی کے آنسوؤں سے تر تھی انھوں نے کہا "حضور! اس زمانہ میں ناول لکھنا، کاغذ کا ملنا، چھپنا اور ایک سال کی قلیل مدت میں؟ ...... الہ دین کے چراغ کے جن کا کرشمہ معلوم ہوتا ہے...... اب خدا سے دعا ہے کہ جیسے آپ نے یہ ناول لکھی ہے میری تقدیر بھی لکھ دیجئے۔" ہم نے ناشر سے پوچھا کہ آیا پوری ہزار جلدیں تیار ہو پائیں تو ناشر نے ہنس کر کہا "حضور! پوری پانچ ہزار" ہم نے چونک کر کہا "پانچ ہزار کس نے چھپوائیں؟"

مرزا صاحب نے کہا "اب آپ نہیں جانتے حضور کتابیں تو ایک ہزار ہی چھپی ہیں مگر پبلسٹی پانچ ہزار کی کی جارہی ہے۔"

ناشر نے کہا "اب آپ تین جلدیں لے جائیے اور رسمِ اجرا کے بعد بقیہ دے دوں گا۔" میں کچھ کہنا چاہتا تھا کہ مرزا صاحب نے اس کے جملہ کو جھیل لیا۔ "ارے صاحب وہ تو ہو گی ہی" میں نے پوچھا۔ "مگر انجام کون دے گا۔"

مرزا صاحب نے کہا "ارے صاحب! آج کل اگر کوئی مرجائے تو رونے والے بھی کرایہ پر مل جاتے ہیں!"

"رسمِ اجراء انجام دینے والے کرایہ پر؟"

"ہاں صاحب۔ آپ آیئے تو سہی۔"

ناشر صاحب ہماری ناتجربہ کاری پر ہنستے رہے۔ مگر مرزا صاحب وہاں سے اٹھے اور گاڑی میں بیٹھ گئے اور سلسلۂ کلام جاری رکھا" شہر میں ایک بزرگ ہیں جو ایک شریفانہ پیشہ سے وابستہ ہیں مگر اپنا عزیز وقت خراب کر کے اس قسم کی تقریبوں کی صدارت کرتے ہیں۔ اس کے علاوہ دو مفلوک الحال اسکول ٹیچر ہیں جو کثیر العیال ہونے کے علاوہ شرابی ہیں، کیمونسٹ ہیں جو معمولی معاوجہ پر رسمِ اجراء کی تقریب میں کتاب پر ادبی لحاظ سے روشنی ڈالتے ہیں۔ اس کے علاوہ دو جرنلسٹ یعنی صحافی ہیں جن کی گل پوشی کی جائے گی۔"

میں نے پوچھا" کمال ہے۔ ان کی گل پوشی کیوں؟"

"اس لئے کہ وہ تین دن تک آپکی تقریب کی خبریں چھاپیں گے پھر تقریب کے بعد ساری کارروائی مع آپ کی تصویر کے چھاپیں گے اور اس کا کوئی معاوضہ نہیں لیں گے۔" مگر گلپوشی کرتے وقت وجہ کیا بتائی جائے گی۔ آپ کی بتائی ہوئی وجہ بتانا تو خطرہ سے خالی نہیں ہو گا۔"

" جی ایک صحافی کو مہمان خصوصی قرار دیں گے اور دوسرے کو رسمِ اجراء کیلئے مدعو کریں گے۔۔۔۔" چلئے ہوگئیں اسٹیج کی پانچ کرسیاں فُل۔"

" اب سامعین کون ہوں گے، مجھے تو کوئی جانتا ہی نہیں۔۔۔۔ تو تقریب میں آئے گا کون؟"

مرزا صاحب نے جیب سے رومال نکال کر دوبارہ رکھ لیا میری نظر پڑی تو معلوم ہوا کہ وہ رومال پچھلے ہفتہ میری میز پر سے غائب ہوا تھا۔ مرزا صاحب نے کہا" دیکھئے! سامعین تو اردو کتابوں کی رسمِ اجراء کی محفلوں کے فکسڈ یعنی مقرر ہیں۔ ہر تقریب میں وہی ہوتے ہیں۔ ان کے ناموں اور پتوں کی فہرست مل جاتی ہے۔"

میں نے مرزا کے آگے ناول کی دو جلدیں رکھ دیں۔ اب آپ وہ مفلوک الحال کثیر العیال شرابی... رسم اجراء کے ماہرین کو یہ دے دیجیئے کہ وہ پڑھ لیں۔"

مرزا صاحب نے کہا" لاحول ولا..... کس کم بخت کے پاس وقت ہے ان خرافات کا معاف کرنا میرا مطلب ہے وہ لوگ بہت مصروف انسان ہیں۔ ہر دوسرے دن اس قسم کی تقریریں کرنی پڑتی ہیں بے چاروں کو۔ اگر وہ کتابوں کو پڑھنے بیٹھ جائیں تو نہ وہ ٹیچر ہی برقرار رہیں گے اور نہ ہی حوائج ضروریہ کے لئے وقت نکال سکیں گے۔"

ان انکشافات سے مجھ پر سکتہ کا عالم طاری تھا بخدا! کس شوق سے ہم کتابوں کی رسم اجراء کی تعاریب میں جایا کرتے۔ اس کے دعوت نامہ کو باعثِ عزت سمجھتے۔ کئی بار ہم نے بیوی کو خانگی اور خاندانی دعوتوں میں اکیلا روانہ کر کے ان ادبی تقریبوں میں یہ کہہ کر شرکت کی کہ ادبی حلقوں میں لوگ ہم سے واقف ہو چکے ہیں اور یہ ہمارا قومی اور ادبی فریضہ ہے کہ ہم بحیثیت ادیب ان محفلوں میں ضرور شرکت کریں۔

میں نے آہ بھر کر بے بسی سے کہا " تو وہ لوگ بغیر کتاب پڑھے ہی تقریر کریں گے؟"

مرزا صاحب نے پھر اپنی شریر مسکراہٹ کے بعد کہا" بھائی صاحب! ہر کام کے طریقے فکسڈ ہیں....... دیکھئے میں آپ کو سمجھاتا ہوں..... آپ سرکاری افسر ہیں۔ آپ نوکری کے لئے درخواست گزار کی ساری کتابیں منگوا کر نہیں دیکھتے اور پڑھتے جو اس نے کالج میں پڑھی تھیں بلکہ آپ ایک جدول میں اس کی تفصیل پڑھ لیتے ہیں۔" میں نے چڑ کر کہا " ہاں صاحب مگر میرے متعلق تفصیلات جان کر وہ کتاب پر تقریر کیسے کریں گے؟"

مرزا صاحب نے کہا" بس بس! یہیں تو مجھے سمجھانے کا نکتہ تھا کہ آپ نے صبر سے کام نہیں لیا..... دیکھئے آپ اپنی ناول کے ہیرو اور ہیروئن کے نام، پتے، پیشے، خاندانی پوزیشن، جائیداد..... منقولہ و غیر منقولہ ذرائع آمد و رفت یعنی کار، بس، سیکل وغیرہ... اُن کی ہابی یعنی مشغلے اور ناول کے دو ایک اہم واقعات اور دو چار خوبصورت جملوں پر مشتمل

ایک مختصر نوٹ ان کے حوالے کریں گے اور بس"۔

مرزا صاحب کے پروگرام کے مطابق شہر کے ایک ہال میں جو اس قسم کی ادبی تقاریب کے لئے مشہور تھا اسٹیج سجا اور سامعین کی تالیوں کی گونج میں مرزا صاحب نے دونوں صحافیوں کی گلپوشی کی۔ ایک مہمان خصوصی اور دوسرا صدر محفل تھا اسکول ٹیچر فکر ڈڈ نے (ادبی نام) جو خود کو پروفیسر مشہور کئے ہوئے تھے تقریر شروع کی۔۔۔۔" یہ صاحب اور میں بالکل اجنبی تھے مگر چند دن قبل میرے عزیز دوست اور ناول کے مصنف نے جب ناول میر   بی تو نہ میرا تقریر کرنے کا پروگرام تھا اور نہ ہی انھوں نے ذکر کیا تھا مگر جب مجھے اس کی رسم اجرا کا دعوت نامہ ملا تو میں نے سوچا اس کی تعریف نہ کرنا ادبی بداخلاقی ہوگی۔ جب یہ کتاب ملی تو میں قرۃ العین کی نئی کتاب پڑھ رہا تھا۔ ایک سرسری نظر ڈالنے کے خیال میں جب میں نے اسے شروع کیا تو آپ یقین کیجئے مجھے وقت کا احساس اس وقت ہوا جب میرے سگریٹ ختم ہوئے، ادھر میں نے گھڑی دیکھی پھر تعجب ہوا کہ رات کیسے گزر گئی اور میں نے اس ناول کو پڑھا اور پھر پڑھنے لگا۔ بے ساختہ میرے دل سے دعا نکلی" اللہ کرے زورِ قلم اور زیادہ"۔ اس کتاب کے مصنف میرے عزیز دوست ہیں اس لئے بھی اور ایک عظیم ادیب ہیں اس لئے بھی میں نے کچھ کہنا ضروری سمجھا۔ مصنف کا تعلق ہندوستان کے ستائے ہوئے مظلوم اور محنت کش طبقہ یعنی آئی۔ اے۔ ایس سے ہے چنانچہ آپ کو ان کے زیر نظر ناول میں جا بجا مظلومیت، کسمپرسی، افلاس اور جنسی بے راہ روی کا دور دورہ نظر آئے گا"۔

میں اس بے باک انسان کی جرأت پر حیران تھا جو ایسی باتیں بنا رہا تھا جس کا میری ناول میں ذکر تک نہ تھا۔ تقریر جاری تھی "ناول میں مصنف نے گو ہیرو احمد کے کردار کو نمایاں طور پر پیش کیا ہے مگر دراصل اس کے پس پردہ سماج کی پیچیدہ اور قابل مذمت بندشوں، آلائشوں اور ظلم پر تنقید کی گئی ہے۔ ناول میں محبت کے روایتی مثلث کو نہیں پیش کیا گیا مگر دراصل یہ کسی نہ کسی شکل میں موجود ضرور ہے۔ ہیروئن حمیدہ کا کردار اچھا ہے۔ محبت کی نہیں بلکہ ہو جاتی ہے" اس گھسے پٹے جملہ کا استعمال خوبصورتی سے کرنا یہ مصنف کی ادبی صلاحیت کا کرشمہ ہے"۔

اس کے بعد ہی ایک خود ساختہ پروفیسر کے رعلیش سے درخواست کی گئی، پروفیسر رعلیش نے کہا " اس ناول کی دلکشی کا یہ حال ہے کہ میں اس کو ایک ہی نشست میں دو بار پڑھ چکا ہوں۔ پھر کئی اور دانشوروں اور نقادوں، یونیورسٹی کے پروفیسروں یہاں تک کہ وائس چانسلر نے بھی مانگ کر پڑھی اور سب نے یہی کہا- اینا چیز خوب است"

بہر حال ناول "ٹوٹی کمر" ...... میرا مطلب ہے "ٹوٹتی کمر" میں مصنف نے یہ ثابت کیا ہے کہ اس کے یہاں محبت کا نیا شعور ہے۔ وہ روایتی محبت کے مثلث سے پرہیز کرتا ہے ہیرو احمد اور ہیروئن حمیدہ اپنے اطراف گھومتے پھرتے کردار ہیں۔ فرق یہ ہے کہ ہم مصنف کی طرح باریک بینی سے نہ ان کو دیکھتے ہیں اور نہ ان کو بیان کرنے اور سمجھنے کا ہم میں شعور ہے۔ ہیرو احمد بدلتے حالات کا تقاضا ہے اور ہیروئن حمیدہ بدلتے احمد کے تقاضوں کو پورا کرتی ہے۔ اس میں "محبت کی نہیں جاتی بلکہ ہو جاتی ہے" قسم کے جملوں کے لئے کوئی جگہ نہیں ہونی چاہیے بہر کیف میرے خیال میں حکومت کو اس ناول کو یونیورسٹی کے نصاب میں شامل کرنا چاہیے بلکہ وزارت خارجہ کو کوشش کرنی چاہیے کہ نوبل انعام کے لئے اس کتاب کو مقابلہ میں شریک کیا جائے۔"

اس کے بعد مرزا صاحب نے میری گلپوشی کی اور جناب صدر نے رسم اجراء انجام دی اور صحافی نمبر ۲ نے رسم اجراء کی تقریب کو اختتام تک پہنچایا۔ اس کے بعد مجھ سے کچھ کہنے کے لئے کہا گیا تو میری سمجھ میں نہیں آرہا تھا کہ کیا کہوں .... جس کتاب کی رسم اجراء ہو رہی تھی وہ کتاب میں نے کبھی نہیں پڑھی تھی۔ !!

ورثا کا پرسہ

پڑوسی نے شرفو میاں کو رات کے بارہ بجے جگایا کہ ان کا فون آیا تھا۔ ویسے جب سے شرفو میاں کی لڑکی ایک منّی شیخ سے شادی کرنے کے بعد دبئی چلی گئی تھی شرفو میاں کو راتوں میں اس قسم کے ٹرنک کال آتے ہی رہتے تھے۔ چنانچہ شرفو میاں دروازے کی طرف لپکے۔ بیوی نے پکارنا شروع کر دیا "دیکھو منّی بٹیا کو شیخ سے چھپا کر سونے کی چوڑیاں بھیجنے کا بولو...... اور پانچ ہزار کا ڈرافٹ اس کی بھیجی ہوئی کتاب میں سے مل گیا بولو...... تم ٹونا موٹر سیکل خرید لئے سو بھی بولو...... خوش ہو جائیں گی...... اور میں اسے یاد کر کے رات دن روتی ہوں بولو...... چوڑیوں کا ضرور بولو......"

شرفو میاں "اچھا اچھا سب کہہ دوں گا" کہہ کر گئے مگر دو منٹ بعد ہی منہ لٹکائے واپس ہوئے "دھت تیرے کی، اجی امیر بھائی کا فون تھا کہ امیر بھائی گر گئے ہیں میں فوراً پہنچوں۔"

بیوی کو سونے کی چوڑیوں کا تصور توڑتے ہوتے غصہ آگیا "تمہارے رشتہ داروں کا تو دماغ خراب ہے۔ وہ لوگ تم کو اب بھی غریب آدمی ہی سمجھتے ہیں...... اور کر دو ہزار روپے ماہوار کی ذلیل نوکری...... لاکھ سمجھاتی ہوں۔ خیر سے اپنی بچّی اتنا روپیہ بھیج

رہی ہے...... دیکھو اپنے ہی لڑکے کو، میٹرک تک پاس نہیں مگر خیالات کتنے اونچے رکھتا ہے۔ پانچ ہزار ماہوار سے کم کمانے والوں کو بھکاری کہتا ہے۔"

شرفو میاں نے تقریر کو نظر انداز کرتے ہوئے کہا۔ "مگر یہ امیر بھائی آخر گرے کہاں ہونگے؟"

بیوی نے تڑ سے کہا۔ "گرے ہوں گے وہیں باتھ روم میں جہاں گرنے کا آج کل بڑے لوگوں میں فیشن چلا ہے۔"

شرفو میاں نے لوٹا سنبھالی اور وہاں پہنچ کر اپنی جاہل بیوی کی عقل پر حیران ہوگئے چونکہ واقعی امیر بھائی نہ صرف باتھ روم میں گرے تھے بلکہ مر بھی گئے تھے۔ انھوں نے مرتے بھی جدید فیشن کا خیال رکھا اور باتھ روم میں ہی مرے تھے۔ ہم لوگ لاکھ روپے کما لیں باتھ روم میں کبھی نہیں مر سکتے۔ یہ خاندان شروع ہی سے بڑا فیشن پرست ہے۔ امیر بھائی نے واقعی انھیں دبئی سے پہلے کا مفلس، قلاش شرف الدین سمجھا تھا اور رشتہ داروں کو اطلاع دینے کا حکم دے دیا تھا۔ پہلے امیر بھائی کی چھوٹی بہن، چھوٹی بیگم اور پھر بھائیوں کو اطلاع دینا تھا۔

چھوٹی بیگم بھائی کی موت کی خبر سُن کر سکتے میں آگئیں۔ شرفو میاں پر اس کا بڑا اثر ہوا وہ دلاسا دینے لگے تو انھوں نے کہا کہ "نہیں شرفو میاں۔ بھائی بڑے بے وقت مرے۔ میں سرے پائے پکائی تھی۔ صبح ناشتہ پر مہمان آنے والے ہیں۔ اب کیا ہوگا۔ مجھے یہ پریشانی...... خیر کچھ سوچوں گی مگر امیر بھائی ساری زندگی سسرال میں رہے وہیں مرے۔ دفن بھی شاید انھیں کے ہرواڑ میں ہوں گے۔"

شرفو میاں بولے۔ "نہیں آپا۔ غالب نے ایسے ہی موقعوں کیلئے کہا ہے ؎

مرے بت خانہ میں تو کعبہ میں گاڑو برہمن کو

چھوٹی بیگم بولیں۔ "برہمن کو تو جلاتے ہیں"

شرفو میاں بولے۔ "مگر ہم امیر بھائی کو دفن کریں گے۔ راجہ مہدی علی خاں کے

بقول کہ ؂

مسلماں دوستوں نے قبر میں گاڑا برہمن کو

وہ بولیں "آج کل تم اردو بہت پڑھ رہے ہیں معلوم ہوتا ہے"

شرفو میاں بولے" ہاں آپا بجّی دُبئی سے اردو کی کتابیں بھجوا رہی ہے۔ اس میں شوہر سے چھپا کر ڈرافٹ رکھ دیتی ہے۔ ڈرافٹ نکال کر ہم لوگ کتابیں پڑھ لیتے ہیں"۔

وہ بولیں" کیا وہاں دُبئی میں اردو کتابیں چھپتی ہیں؟"

"نہیں آپا! چھپتی ادھر ہی ہیں۔ بکتی وہاں ہیں پھر تحفے میں ادھر آتی ہیں۔

وہ بولیں" اچھا شرفو میاں! ایک ترکیب سمجھ میں آگئی ہے۔ تم امیر بھائی کی موت کی اطلاع دے دیئے بول کے کسی کو مت بولو۔ صبح اطلاع کرنے پھر آؤ۔ ناشتہ بھی یہیں کرلو۔ امیر بھابی کے سامنے ہی کل روؤں گی۔ خیر انھوں تو روتے ہوئے بے ہوش ہونے کے ماہر ٹھہرے کوئی کیا مقابلہ کرسکتا ہے"۔

شرفو میاں بولے" ارے آپا۔ زندگی بھر تو بے ہوشی کی وہ ریہرسل کرتی رہیں۔ سین تو کل اُو۔ کے ہوگا۔ اچھا آپا میں چلتا ہوں۔ اخبار میں بھی خبر دینی ہے"۔

چھوٹی بیگم نے کہا" ارے شرفو میاں! ہمارے میاں کا نام بھی دونا اخبار میں۔ سگے بہنوئی ہیں۔ پھر کبھی تو ان کا نام اخبار میں چھپانا؟"

وہ بولے" مشکل ہے آپا۔ امیر بھائی کے دو سالوں، تین ساڑھوں اور سسر کے نام پہلے ہی سے ہیں۔ خود ان کے نام کے لئے جگہ نہیں ہے۔ آپ کے میاں کا نام پھر کبھی موقع سے دیں گے۔ ان کو کچھ ہونے تو دیجئے فوٹو کے ساتھ دیں گے"۔

اسی وقت ان کے شوہر نے آواز دی۔ شرفو میاں نے کہا" دیکھئے آپا! جب تک ان کی آواز بند نہیں ہوگی اخبار میں ان کا نام نہیں چھپ سکتا"۔

چھوٹی بیگم نے غصّہ سے دروازہ بند کرلیا۔

شرفو میاں امیر بھائی کے بڑے بھائی کے پاس پہنچے۔ بڑے بھائی بزرگ صورت باریش آدمی تھے۔ وراثت اور جائداد کے قوانین کے ماہر تھے۔ جعلی وراثت نامہ لاجواب تیار کرتے تھے۔ چنانچہ شہر میں ان کے اس فن کی ایسی دھاک تھی کہ لوگ اپنے وصیت نامہ میں چاہے ورثہ کا نام نہ لکھیں یہ ضرور لکھ دیتے تھے کہ بڑے بھائی اس کے وارث نہیں ہیں اور پھر ان کا نام بڑے بھائی ایسا چلا تھا کہ خود ان کے والد بھی انھیں بڑے بھائی کہنے پر مجبور تھے تاکہ لوگ سمجھ سکیں۔ جیسے سابق نظام حیدرآباد کے لڑکے دنیا کے وہ واحد انسان تھے جنھیں ان کے باپ کے اور خود ان کے بیٹے کے دور میں بھی ولی عہد ہی پکارا جاتا تھا۔ بڑے بھائی نے شرفو میاں سے خبر سنی پھر گھڑی دیکھی اور کہا،، ابھی صبح ہونے میں دیر ہے وصیت نامہ تیار کر کے ہی فجر پڑھوں گا۔"

شرفو میاں نے پوچھا" کس کا وصیت نامہ بھائی؟"

وہ بولے،، تمہیں تو معلوم ہی ہے میاں۔ امیر میاں کے اولاد نہیں ہوئی۔ اس نے لڑکے احمد کو پال لیا تھا۔ میں اور چھوٹے میاں ان کے شرعی وارث ہیں۔ پھر بھی ان کا احتیاطاً ایک وصیت نامہ تیار کر لینا ضروری ہے..... فجر سے پہلے۔" وہ بڑبڑائے۔

صبح ہوتے ہوتے دونوں بھائی، امیر میاں کے گھر کے مردانہ حصہ میں بیٹھ گئے۔ چھوٹے میاں نے کہا" امیر بھائی سسرال کی مار میں تھے۔ کہیں سب کچھ بیوی کے نام نہ کر دیا ہو بڑے بھائی! آپ تو وصیت نامہ لا لینا تھا۔"

بڑے بھائی نے کہا" وہ تو میرا کام تھا میں کر چکا۔ تم ایسا کرو بہلنے سے کاغذات دیکھو اگر ایسا کوئی کاغذ ملے تو چھپا لو بس،، بے چارہ امیر میاں نیک اور جنتی انسان تھے۔ پہلے تو بالکل فرشتہ تھے۔ جب یہ شعر سنا ہے

فرشتہ سے بہتر ہے انسان بننا
مگر اس میں پڑتی ہے محنت زیادہ

تو کہا "میں محنت کروں گا" اور گناہ کرنے لگے تاکہ انسان بن سکیں مگر سسرال بڑا خبیث ملا تھا۔ ویسے امیر میاں کو صرف شادیوں کا شوق تھا۔ وہ کہتے تھے "میرا سب کچھ لے لو اور مجھے ڈھیر سی بیویاں اور ایک ماہر حکیم دے دو بس"۔

بس میاں! اُن کی آخرت کی فائل خواتین کے سیکشن سے اُوکے ہو کے نکل جانا ہے پھر جنّت ہی جنّت ہے۔ خیر ہمیں ان کے لئے مغفرت کی دعا کرنی چاہئے۔ چونکہ رسمِ دنیا بھی ہے، موقع بھی ہے، دستور بھی ہے۔ پس۔ حق مغفرت کرے، وہ بڑے آزاد مرد تھے لیکن اے خدا! میں لفظ آزاد بمعنی اوباش نہیں استعمال کر رہا ہوں۔ چونکہ اے مالک! تیرے اوباش بندوں کی نہ یہ دنیا نہ وہ دنیا۔

ارے بھائی شرفو میاں! میں امیر میاں کی کتابوں کی الماری دیکھونگا۔ بلکہ تم یوں کرو اُس الماری میں تمام کاغذات رکھ کر قفل لگا دو اور میرے گھر بھجوا دو۔ کہیں کتابوں کی ناقدری نہ ہو۔ امیر میاں کی روح کو صدمہ ہوگا"۔

چھوٹے میاں نے کہا" بھئی نوادرات کی الماری میں بھی قیمتی اشیاء رکھ کر قفل لگا دو اور میرے گھر بھجوا دو۔ ان کے سالوں کی نیت مجھے ٹھیک نہیں معلوم ہوتی"۔

شرفو میاں نے کہا بھائی صاحب! وہ بے چارے تو رونے دھونے اور اپنی بہن کو سنبھالنے میں لگے ہوئے ہیں۔ کسی چیز پر نظر بھی نہیں ڈالی"۔

بڑے بھائی نے تلخی سے کہا" ہاں ہاں۔ کیوں نہ سنبھالیں گے۔ قسمت سے مالدار بہن بیوہ ہوئی ہے۔ اگر غریب ہوتی تو تم دیکھتے کہ اِدھر کا رخ بھی نہیں کرتے کہ کہیں کفن دفن نہ گلے پڑ جائے اور ہاں میاں! اس لڑکے احمد کو چلتا کر دو۔ اس کا دانہ پانی اس گھر میں ختم ہو گیا"۔

اسی لمحہ ایک کار رکی اور ڈاکٹر اپنا بیگ سنبھال کر ایک کرسی پر آ بیٹھا۔ بڑے بھائی نے پوچھا" ڈاکٹر صاحب! امیر میاں کس عارضہ میں جنّت الفردوس

کی طرف سدھارسے ؟"

ڈاکٹر نے کہا " جی ۔ انھیں چند دن سے پیشاب بند ہو گیا تھا "

چھوٹے میاں نے مذاق اڑایا " اور آپ منتظر ہوں گے کہ پیشاب آئے تو ٹسٹ کر کے مرض معلوم کریں ۔ آج کل کی تعلیم میں یہی تو خرابی ہے کہ اگر ایسا مسئلہ سامنے آجائے جو کتاب میں نہیں لکھا ہے تو آپ پریشان ہو جاتے ہیں ۔ چند دن قبل میرے گھر کی لائٹ بند ہو گئی ۔ پڑوس میں انجینیئر رہتا ہے اسے بلایا ۔ وہ بڑے جوش سے میری مدد کرنے آیا ۔ اب جو فیوز کا تار ڈالنے گیا تو اندھیرے اور گرمی سے اس قدر گھبرایا کہ چلّانے لگا" ارے صاحب ! ایک منٹ کے لئے تو لائٹ کھولئے ۔ کچھ نظر نہیں آرہا ہے " ....شرفو میاں نے ڈاکٹر سے کہا " آپ فوراً چل کر امیر بھابی کا معائنہ کیجئے ۔ وہ بار بار بے ہوش ہو رہی جاتی ہیں "

چھوٹے میاں نے کہا " ڈاکٹر صاحب ! آپ معائنہ کر کے صرف یہ کہئے کہ ان کے دل کا فوراً آپریشن کرنا پڑے گا ۔ پھر دیکھئے وہ خود اٹھ کر آپریشن کی مخالفت کریں گی "

ڈاکٹر اندر چلا گیا لیکن چھوٹے میاں کا منہ چلتا رہا " امیر بھائی بلدیہ کی کمائی کا ڈھیر لگاتے رہے لیکن بیوی نے کبھی قدر نہیں کی بلکہ زندگی کا بڑا حصہ بے ہوش ہی رہی بے چارہ کو نہ خدا ہی ملا نہ وصالِ صنم "

بڑے بھائی نے کہا " واہ آخرت کیوں نہیں ملی میاں ؟ بلکہ دنیا اور آخرت دونوں ملے ، میں گواہ ہوں بلدیہ کی بے تحاشہ آمدنی کے باوجود امیر میاں نے زندگی بھر حلال کی روٹی کھائی ہے ۔ وہ تنخواہ ملتے ہی سارا اناج خرید لیتے تھے ۔ اوپر کی آمدنی ، اوپر کے خرچوں کے لئے تھی ۔ کہتے تھے کہ جائداد اور زیور حرام کی آمدنی سے خریدے ہوئے ہیں ۔ اچھا ہی ہے کہ یہ قبر میں نہیں جائیں گے ۔ تقویٰ کا یہ حال تھا کہ زندگی بھر اس لئے نماز نہیں پڑھی کہ گناہوں کی وجہ سے خدا سے شرم آتی تھی ۔ کہتے تھے ؎

کعبہ کس منہ سے جاؤگے" امیرؔ
شرم تم کو مگر نہیں آتی

روزے چھوڑنے کے لئے شعبان کے مہینہ ہی سے ڈاکٹری علاج شروع کر دیتے تھے تاکہ بیماری کا شرعی عذر رمضان میں موجود رہے۔ ایک دفعہ ایک بڑی رقم رشوت میں ملی تو انھوں نے تینوں بیویوں کا مہر ایک ساتھ ادا کر دیا۔ اور کہا کہ ایسے روپئے کا یہی مناسب استعمال ہے۔"

کسی نے کہا" گویا وہ بلیک رقم بھی وائٹ ہو گئی۔"

شرفو میاں نے آکر بڑے بھائی سے کہا" بھائی صاحب معلوم ہوا ہے کہ بڑے ساڑو۔ سسر صاحب کے آنے تک میت اٹھانے کے مخالف ہیں۔"

"تو سسر صاحب ایسے کہاں چلے گئے کہ ابھی تک نہ آسکے۔"

"جی۔ وہ ہر سال آم کھانے یو پی جاتے ہیں نا۔"

بڑے بھائی نے کہا" آم کھانے؟ سالے! وہاں بیویوں کو رکھ چھوڑتے ہیں۔ یہاں آکر شادیاں کر لیتے ہیں۔ اب ہر سال چھ ماہ آم کھانے چلے جاتے ہیں......سنو شرفو میاں! ہم لوگ قانونی ورثا ہیں جب چاہیں گے میت اٹھائیں گے۔"

شرفو میاں نے بات مکمل کی" اور ساڑو نے ہی کہا ہے کہ کوئی کسی سامان کو ہاتھ نہ لگائے ورنہ قانونی کارروائی کریں گے۔"

بڑے بھائی جوش میں کھڑے ہو گئے" اُن کے باپ کا مال ہے۔ ارے اب ہم مالک ہیں۔"

"یہ دیکھو......" وہ کاغذات جیب سے نکال ہی رہے تھے کہ چھوٹے میاں نے روک دیا۔ اسی وقت ایک شخص امیر میاں کا وصیت نامہ لئے ہوئے آیا" یہ ساڑو صاحب نے دیا ہے کہ آپ کو پڑھا دیا جائے۔"

چھوٹے میاں نے کہا، "باواز بلند پڑھا جائے تاکہ معاملہ صاف ہو جائے۔"

شرفو میاں نے پڑھنا شروع کیا، "باہوش وحواس ۔۔۔۔۔۔۔ وغیرہ لکھ دیتا ہوں کہ میری ساری جائداد اور سامان میرے متبنیٰ احمد کا ہے اور میری منکوحہ بیوی مہرالنسا اس کی نگراں ہے۔ میرے بھائیوں کو میں اپنی زندگی میں جو دے چکا وہ انہی کا ہے ۔۔۔اور میرے بڑے بھائی میرے وارث نہیں ہیں۔۔۔۔"

بڑے بھائی اُس پر جھپٹے لیکن شرفو میاں نے جھوک دے کر وصیت نامہ کو بچا لیا اور بڑے بھائی کرسی پر ڈھیر ہو گئے۔ "یہ سب اس ایڈوکیٹ سارڈو کی شرارت ہے۔ جعلی وصیت نامہ بنایا ہے۔ ارے اصل وصیت نامہ تو ہمارے پاس ہے۔"

شرفو میاں نے کہا، "آگے سنئے۔ اس وصیت نامہ کی تکمیل مجسٹریٹ کے سامنے ہوئی ہے اور ایک سیل بند کاپی عدالت کی تحویل میں ہے، دوسری مہرالنسا کے بنک لاکر میں محفوظ ہے اور یہ کاغذ میرے بڑے بھائی کی اطلاع کے لئے ہے۔" کچھ دیر موت کی خاموشی رہی پھر چھوٹے میاں نے کہا، "بھئی شرفو! ہم لوگ یہاں موجود ہیں۔ اندر کسی کو معلوم تو نہیں ہے۔"

"جی نہیں۔ کسی نے غور ہی نہیں کیا۔"

"تو پھر ہم کو یہاں سے ابھی چلا جانا چاہئے ورنہ ہماری موجودگی سے کسی کو شبہ ہو سکتا ہے کہ ہم کسی لالچ یا غرض کے تحت آئے ہیں۔"

بڑے بھائی نے رومال نکال کر خشک آنکھوں پر رکھا پھر ناک صاف کی اور گلوگیر آواز میں بولے، "شرفو! میت اٹھتے وقت بلا لینا۔ بھائی کا آخری دیدار کر لیں گے۔ امیر میاں نیک آدمی تھے لیکن نیت کے ٹھیک نہیں تھے۔"

شرفو میاں نے کہا، "بھائی صاحب! کیا یہ کاغذ بھی نوادرات کی الماری میں رکھ کر قفل لگا دوں؟"

اگر فردوس بروئے زمین است

دُلہن والے لاکھ سمجھا رہے تھے کہ جڑا دی لچھا دینے کی بات نہیں ہوئی تھی لیکن بڑی خالہ اَڑ گئیں "نو لچھا نو شادی"۔ دونوں طرف کے لوگ حیران تھے کہ یہ بڑی بی کون ہیں۔ دُلہن والوں کو راضی ہونا پڑا تب کہیں بات کُھلی کہ بڑی خالہ غلطی سے غلط شادی خانہ میں چلی گئی تھیں اور یہ کہ ان کے نواسے کی شادی بازو کے شادی خانہ میں تھی۔ خالہ بولیں "چلو اپنی غلطی سے ان کو جڑا دی لچھا تو ملا۔ بے چارے دعا ہی دیں گے"۔

شادی میں پھندنی بیگم نے اپنی لڑکیوں زرینہ اور ریشما کا تعارف خالہ سے کرادیا۔ بڑی خالہ کی تجربہ کار نظروں نے تاڑ لیا کہ زرینہ کی مالی حالت ٹھیک نہیں ہے۔ انھوں نے پھندنی بیگم سے پوچھا۔

"ان کے شوہر کیا کرتے ہیں؟ بچّے کتنے ہیں؟"

پھندنی بیگم نے کہا "ریشما کے شوہر عبدالواحد ہیں اور زرینہ کے عبدالودود، دونوں ایکسائز انسپکٹرز ہیں اور دونوں کو تین تین لڑکے ہیں"۔

خالہ نے کہا "شاباش۔ نام ایک جیسے، عبدالواحد اور دوسرا آبدودودھ توبہ کیا نام لیا تھا؟"

" جی عبدالودود "

"ہاں تو نام ایک جیسے، عہدے ایک ہی، بچے بھی برابر۔ پھر یہ رشیما تو ریشم میں لدی ہے لیکن زرینہ زر سے محروم کیوں ہے؟ کیا سند باد اور ہند باد والا قصہ ہے؟"

پھندنی بیگم نے آہ بھر کر کہا "زرینہ کے دولہے ایماندار ہیں خالہ، وہ اوپر کی آمدنی کے قائل نہیں ہیں"۔

خالہ نے ہتھڑ مار کر کہا" ہائے ہائے! تو کیا شادی سے پہلے کیرکٹر کے بارے میں پوچھ گچھ نہیں کرائی تھی؟ کیا چاند سی بچی کو برباد کر دیا۔ ارے کسی بلدیہ کے سکشن افسر کو دیتے تو حرم کو اور اس کو دونوں کو سونے میں تول دیتا تھا"۔

پھندنی بیگم بولیں "قسمت خالہ قسمت۔ لوگ بولے اچھے کیرکٹر کے ہیں، بس اسی میں ہم دھوکہ کھا گئے"۔

خالہ نے چڑ کر کہا "تو پھر اس کو یہ تین تین لونڈے کیوں ہونے دیئے؟ لونڈے بھی ایماندار نکلیں گے۔ دوسروں کی معصوم بچیوں کی زندگیوں کا ستیہ ناش ہو جائے گا۔ سب کی ہائے تجھے لگے گی۔ پھندنی! تیری ایک غلطی سے کتنے خاندان سوکھی روٹیاں چبائیں گے"۔

چھوٹی بیگم دیر سے یہ گفتگو سن رہی تھیں، تڑپ کے سامنے آگئیں۔ پہلے اپنے پاؤ کلو کے چندن ہار کو ہاتھوں میں بھرا تاکہ خالہ دیکھ سکیں پھر خالہ کو سلام کیا۔ خالہ نے جو اتنا سونا دیکھا تو اسے سینہ سے لگا لیا اور بولیں "واہ وا۔ جیتی رہو بیٹی۔ خدا تیرے زیور کو انکم ٹیکس والوں اور خیراتی فنڈ والوں سے محفوظ رکھے۔ تیرے میاں کیا کام کرتے ہیں؟"

چھوٹی بیگم نے کہا "خالہ! میرے میاں کلکٹر آفس میں موت کا سرٹیفکٹ جاری کرتے ہیں۔ وہ امیر بیواؤں سے روپیہ لیتے ہیں، غریب بیواؤں کو صرف چائے کے پیسے لے کر سرٹیفکٹ دے دیتے ہیں لیکن اگر کسی دن کوئی نہیں ملتا تو وہ دفتر کا پنسل ہی اٹھا لاتے ہیں کہ خالی ہاتھ گھر جانے کی عادت نہ پڑنے پائے"۔

خالہ نے کہا،" پھر کیا بیٹے۔ آدمی دفتر کمانے ہی تو جاتا ہے۔ مفت کام کرنا حماقت ہے بیٹی زرینہ۔ تم عبد دودھ..... توبہ کیا مشکل نام دیکھ کے چننے کبھی.......زبان پر چڑھتا ہی نہیں...."

" عبدالودود" زرینہ نے لقمہ دیا۔

" ہاں ہاں۔ اس کو تم بولو، ضد کرو، غصہ کرو، زبردستی کرو کہ وہ اپنی آمدنی بڑھائے۔"

زرینہ بے بسی سے بولی" خالہ! وہ بولے اگر رشوت لینےکو بولونگی تو مجھے طلاق دیدیں گے۔"

خالہ بپھریں" کیا دَلدَر مرد ولہے کبھی" پھر کان میں بولیں" کچھ تعویذ، گنڈے کرنا تھا۔"

زرینہ بولی" خالہ! اُنوں اوضو سے رہتے ہیں۔ شاہ صاحب بولے عمل نہیں ہوسکتا۔"

خالہ نے چیخ کر کہا،" لاحول دلا...گولی مار دینے کے قابل ہے کم بخت.....خیر ....بیٹی! اب میں سمجھ لوں گی اسے......"

خالہ نے آہستہ آہستہ عبدالودود کا گھر برتنوں، کپڑوں اور چیزوں سے صاف کر دیا اس کے سونے کے کمرہ میں ایک طغرہ لگا دیا گیا۔

عبدالودود صبح اٹھ کر اس پہ ہاتھ مار کر منہ پر پھیرتا تھا۔ ایک اتوار کو قریب سے دیکھا تو یہ لکھا تھا۔

" اگر رشوت اچھی نیت سے لی جائے تو بری چیز نہیں۔"

عبدالودود نے لاحول پڑھی اور فریم کو اُلٹا دیا اور خاموش ہو رہا۔

شام کی ڈاک سے ایک لفافہ ملا۔ اس میں ایک کاغذ پر یہ لکھا تھا۔

اپنی تنخواہ کی ندی میں ہے پانی آدھ پاؤ
اور ہزاروں ٹن کی بھاری اپنے جیون کی ناؤ

عبدالودود نے دعا مانگی " یااللہ! اِھدنا الصّراط المستقیم "

تیسرے دن دفتر کی میز پر ایک کاغذ پر لکھا تھا ؎

تعلیم بڑی چیز نہ حکمت ہے بڑی چیز

کہتے ہیں کہ اس دور میں رشوت ہے بڑی چیز

ان باتوں کا اثر عبدالودود پر خاطر خواہ ہوا اور اس نے رشوت لینے کی ٹھان لی۔ اب مشکل یہ آن پڑی کہ لوگ اسے ایماندار سمجھتے تھے۔ وہ گھما پھرا کر رشوت مانگتا بھی تو لوگ جیب سے دستی نکال کر سر پر ڈال لیتے اور اسے نماز کو چلنے کے لئے کہتے۔ یہ حالات دیکھ کر عبدالودود نے عبدالواحد سے کہا " بڑے بھائی! اپنے اکسائز کے محکمہ میں تو رشوت ہی نہیں ملتی "

عبدالواحد نے کہا " خوب میاں۔ سنو ہمارے محکمہ کے بارے میں ایک شعر ؎

اگر فردوس بروئے زمیں است

ہمیں است وہمیں است وہمیں است

عبدالودود نے اپنے ساڑو عبدالواحد اور اس کے باپ عبدالعلی کا مشورہ قبول کر کے اپنا تبادلہ حیدرآباد سے چالیس میل دور کے گاؤں میں کروالیا۔

عبدالواحد، عبدالعلی اور زرینہ بڑے خوش ہوئے اور ہن برسنے کا انتظار کرنے لگے کہ ایک دن تار ملا۔ عبدالودود پولیس کی حراست میں ہے۔ عبدالواحد نے کہا۔

" سر گھٹاتے ہی اولے برستے ہیں "

عبدالعلی نے کہا " نہیں بیٹے! اس نادان نے معلوم ہوتا ہے تھانیدار کے سالے سے رشوت لے لی۔ نیا بھکاری ہے نا......!

دونوں گاؤں پہنچے تو حیران ہوئے کہ عبدالودود جعلی نوٹوں کے کاروبار میں پکڑا گیا تھا۔ دراصل یہ جعلی نوٹ اسے رشوت میں کسی نے دیئے تھے۔ عبدالودود ضمانت پر

رہا ہو تو رونے لگا۔ عبدالعلی نے دلاسا دیا۔

"ایسا ہوتا ہے بیٹا تم ثواب سمجھ کر پانی پلاتے ہو اور پینے والا مر جاتا ہے۔ اب دیکھو۔ ہمارے ایک دوست کی ایک آنکھ ترچھی تھی مگر شوق تھا کہ نیوی میں بھرتی ہوں گے۔ لاکھ منع کیا کہ میاں یہ آنکھ آڑے آئے گی مگر وہ بمبئی گئے اور ناکام لوٹے۔ ہم سب دوست پرسا دینے گئے کہ یہ تو ہونا تھا سو ہوا۔ اب کوئی اور کام کا ارادہ کرو۔

اس نے بپھر کر کہا" تم بے وقوف وہی پونگی بجائے جا رہے ہو۔ ارے گدھو! میری ترچھی آنکھ کی تو ڈاکٹر نے تعریف کی کہ یہ خالص فوج کے کام کی چیز ہے کہ تم جدھر دیکھتے ہو اُدھر گولی نہیں چلاتے۔ البتہ اس نے میری اچھی آنکھ پر اعتراض کر کے REJECT کیا۔"

اس پر عبدالواحد نے کہا" برادر خورد! اینٹی اکسائز، بلدیہ، کسٹم، پولیس اور ریونیو کی نوکریاں بھی دراصل ملٹری کی نوکریاں ہیں کہ جب تک جیو قوم کی خدمت کرو۔ ایک بھی نشانہ چوکا کہ دشمن کی گولی سے فوجی کی جان گئی یا اپنی نوکری گئی۔ لہذا نوکری چلنے تک جلدی جلدی دو چار بنگلے بنا ڈالو۔"

عبدالودود نے کہا" اور اگر پھنس گیا تو...؟"

عبدالعلی نے کہا" تو بقول شاعر ؎

لے کے رشوت پھنس گیا ہے

دے کے رشوت چھوٹ جا

عبدالودود نے بپھر کر کری کی" مگر چچا! یہ حرام کے پیسے کی جائداد کا کیا حشر ہو گا؟"

عبدالعلی نے کہا" واہ۔ بھلا یہ بھی بتانے کی بات ہے۔ ارے میاں! رشوت کھا لو اور تنخواہ جمع کر کے جائداد بناؤ۔ تب تو حلال کی رہے گی۔"

عبدالعلی نے بیان جاری رکھا" میاں! دراصل رشوت لینا بھی ایک فن ہے۔ خدا بخشے

دادا مرحوم کو۔ یہاں بلدیہ میں عیش کرتے رہے اب فردوس میں عیش فرماتے ہوں گے جہاں رہے اس قدر رشوت لی کہ لوگ اور افسر تنگ آگئے۔ یہ بات بادشاہ کو معلوم ہوئی تو اس نے کمال فراست سے دادا مرحوم کو اپنے محل میں وقت کے گھنٹے بجانے پر مقرر کر دیا۔ سب نے بادشاہ کی عقل پر آفرین کہا کہ میاں اب اس میں کیا رشوت ملے گی کہ دس بجے تو دس گھنٹے مارو۔ بارہ بجے تو بارہ گھنٹے بجا دو۔"

.. بادشاہ کا طریقہ تھا کہ وہ ہر بیوی کے پاس رات کا ایک گھنٹہ گزارتے تھے۔ دادا مرحوم ایک کھوسٹ بدصورت بیگم کے پاس گئے اور اس سے کہا کہ اگر وہ انھیں ایک اشرفی دے تو وہ اس کی باری کا گھنٹہ دیر سے بجا سکتے ہیں اور اس طرح بادشاہ دیر تک اس کے پاس رہے گا۔ اس نے جھٹ ایک اشرفی دے دی۔ بس کام چل نکلا۔

چند دن بعد دشمنوں نے ان کی کارستانی بادشاہ کو بتادی۔ بادشاہ نے انھیں محل میں طلب کیا۔ یہ رو پیٹ کے سب سے رخصت ہو کر گئے کہ جان کی خیر نہیں بادشاہ نے اس شکایت کی تصدیق چاہی۔ انھوں نے اعتراف کر لیا۔ بادشاہ نے انھیں اشرفی دی اور کہا میاں! میں اپنی نئی بیوی کے پاس زیادہ دیر رہنا چاہتا ہوں۔ ان کی باری پر ذرا دیر سے گھنٹہ مارنا۔۔۔۔"

"تو میاں۔ یہ تھا کمال جو ہم کو ورثہ میں ملا ہے۔" عبدالودود بحال ہوا۔ گاؤں چلا گیا سب نے خدا کا شکر ادا کیا لیکن چند دن بعد وہ سامان سمیت معطل ہو کر پھر آگیا۔ زرینہ نے سر پیٹ لیا لوگوں نے برا بھلا کہا کہ میاں ابھی تو بحال ہوئے تھے اتنی جلدی پھر رشوت لینے کی کیا ضرورت تھی عبدالودود نے قرآن شریف پر ہاتھ رکھکر قسم کھائی کہ اس نے رشوت نہیں لی تھی۔

عبدالعلی نے جو یہ دیکھا تو مسکرا کر عبدالواحد سے کہا کہ "قسم کھالی نا۔ بس اب اس شخص کو رہنمائی کی ضرورت نہیں۔ یہ راستہ پر چل نکلا ہے" اور زرینہ کو مبارکباد دی تو وہ کچھ سمجھی نہیں۔

••

بزرگوں کی ریسرچ

زمانۂ قدیم میں تو لوگ ٹائپ و کتابت اور رنگین و دیدہ زیب چھپوائی کے (واحد) مراکز کی غیر موجودگی کے باوجود کسی بھی موضوع پر کتاب لکھا کرتے تھے۔ چنانچہ ابوالفضل نے قانون اکبری محض شہزادہ سلیم اور انار کلی کی غیر قانونی حرکات کو بے نقاب کرنے کی خاطر لکھی تھی مگر جدید بزرگ تحقیقاتی کاموں کو بھی کباڑیے کی دُکان سے شروع کرتے ہیں۔ چنانچہ بقول شاعر ؎

میں نے جو گیت تیرے پیار کی خاطر لکھے
اب انہی گیتوں کو بازار میں لے آیا ہوں

چند ایسے ہی جدید بزرگوں کی تحقیقات اخباروں کے کالموں میں چھپا کرتی تھیں۔ ان تحریروں کو لوگ مزاحیہ کالم سمجھ کر پڑھتے تھے اور عبرت پکڑتے تھے کہ ؎

جو دل کو ستائے، جلائے، رُلائے
بابا ایسی ریسرچ سے ہم باز آئے

ایک اخبار میں سے چند خطوط بطور ہدیۂ عبرت پیش ہیں جنھیں گلدستۂ حکمت سمجھ کر چھاپا گیا تھا لیکن نئی نسل نے پھلجھڑیوں کا ڈبّہ سمجھ کر پڑھا۔ پہلا خط...... احمد جان صاحب ...... ۲۰ جون سنہ ۱۹۰۰ء اشاعت۔

"لفظ گلی ڈنڈا ...... کس زبان کا ہے اور یہ کھیل کس طرح ہندوستان پہنچا؟ میرے دادا کہا کرتے تھے کہ اس کا مُوجد قیصر روم تھا جس نے اسی کھیل کی لت میں پڑ کر سلطنتِ روم کو برباد کیا تھا..... میرے خیال میں..... میرے بزرگ جناب ہُدہُد صاحب اس پر روشنی ڈال سکیں گے"۔

احمد خان ــ انگریزوں کا قبرستان۔ حیدر آباد

دوسرا خط ــ ہُدہُد صاحب، اشاعت ۲۷ر جون ۱۹۰۰ء

"گلی اور ڈنڈا، دو الگ الگ لفظ ہیں۔ گلی دراصل انگریزی لفظ GLEE گلی سے نکلا ہے۔ جس کے معنی خوشی کے ہیں۔ سنتے ہیں، اشوک کے زمانہ میں قلی قطب شاہ نے ایک درجن آبنوسی گلّیوں کا آرڈر وائسرائے ہند اور گاندھی جی کی اجازت و توسط ملکۂ وکٹوریہ کو بھجوا دیا تھا۔ جب گلّیاں بن کر ملکہ کے سامنے پیش کی گئیں تو وہ بہت خوش ہوئیں۔ اس کا ذکر حکیم جالینوس نے بھی اپنی تحریروں میں کیا ہے۔" اس وجہ سے اس کا نام گلی پڑ گیا"۔

ہُدہُد، زوالوجیکل پارک، حیدر آباد

تیسرا خط ...... احمد خان صاحب، اشاعت ۳ر جولائی ۱۹۰۰ء

"جناب ہُدہُد نے گلّی کے متعلق لکھا ہے۔ تو دراصل گلّی موہنجوداڑو میں برآمد ہوئی تھی جس سے معلوم ہوا کہ وادئ سندھ کی تہذیب میں بھی اس کا رواج تھا لیکن جس لکڑی سے وہ بنی ہوئی تھی وہ دیکھنے میں قطعاً لکڑی نہیں لگتی تھی۔ چنانچہ دو ماہرینِ آثارِ قدیمہ میں اسی بات پر ایک ایک پیالی کی شرط لگی تھی۔ پھر انھوں نے اس کو جلا کر دیکھا۔ اس طرح یہ نادر نمونہ جل کر خاک ہو گیا۔ (دیکھئے حوالے کے لئے اخبار کورا کاغذ، اشاعت ۱۳ر جولائی ۱۳۱۳ء) امید ہے جناب ہُدہُد صاحب کی تشفی ہو گئی ہو گی"۔

احمد خان...... انگریزوں کا قبرستان، نارائن گوڑہ، حیدر آباد

چوتھا خط ...... ہُدہُد صاحب، اشاعت ۱۰ر جولائی ۱۹۰۰ء

" خاک تشفی ہوئی میاں! مگر احمد خان صاحب نے قلم اٹھایا ہے تو دل خوش ہوگیا۔ انھوں نے ڈنڈے کے بارے میں کچھ نہیں کہا حالانکہ وہ ڈنڈے کے بغیر کبھی مانتے نہ تھے۔

ہدہد......زواجیکل پارک حیدر آباد

پانچواں خط.....چنوراج کھنہ......۲۰ر جولائی ۱۹۰۰ء

" جناب ہُدہُد اور جناب احمد خان صاحب میرے ذاتی میوزیم کا معائنہ کرسکتے ہیں۔ میرے یہاں چند نمونے قدیم گلّیوں کے موجود ہیں۔ ایک گلّی تو موسیٰ ندی کی ۱۹۰۸ء کی طغیانی میں دوسرے اور سامان کے ساتھ میرے ہاتھ لگی تھی۔ سامان تو میں نے پولیس کے ڈر سے بہ عجلت ممکنہ فروخت کردیا تھا لیکن یہ گلّی میرے پاس رہ گئی۔ ایک ماہر آثار قدیمہ نے اس کو اس وقت کی یادگار بتایا جب پلے کشن دوم نے راجہ ہرش سے نربدا دریا پر مقابلہ کیا تھا (اس گلّی اور لڑائی کا موجودہ نربدا آبی تنازعہ سے کوئی تعلق نہیں یہ صرف ۲۵ سال پرانا ہے)۔

چنوراج کھنہ.....قدیم قبرستان بودے صاحب حیدر آباد

چھٹا خط.....احمد خان صاحب، ۳ر اگست ۱۹۰۰ء

" مجھے خوشی ہے کہ ہدہد صاحب نے ڈنڈے کا ذکر مجھ پر چھوڑ کر علمی، ادبی، سیاسی، مذہبی، تاریخی، جغرافیائی، سائنسی اور جانے کس کس علم کی دوستی کا ثبوت دیا ہے۔ آفریں ......ایسے ہدہد اب عنقا ہیں۔ تو صاحب سنئے! میرے ایک پڑوسی ہیں جو چلنے پھرنے سے معذور ہیں۔ وہ ایک دفعہ روس سے ہوتے ہوئے امریکہ گئے تھے (ابھی آنکھ نہیں کھلی) وہاں سے چاند پر پہنچے اور ایک سیاہ ڈنڈا ہاتھ لگا۔ مگر جب خلائی جہاز بحر الکاہل میں گرا تو ڈنڈا ہاتھ سے جاتا رہا۔ یہی ڈنڈا سویڈن کے ساحل پر ملا اور صدر نکسن کو بھجوایا گیا۔ انھوں نے ہاٹ لائن پر کوسیگن کو بھجوا دیا اور وہاں سے وہ ہندوستان پہنچا۔ یہ کہانی سنا کر ایک بھکاری نے مجھے اسے دس روپے میں فروخت کیا۔ رازداری کا حلف دینا پڑا تھا۔ وہ بھکاری

مر چکا ہے اس لئے یہ کہہ دینے میں کوئی حرج نہیں ہے۔" احمد خان، انگریزوں کا قبرستان حیدرآباد

ساتواں خط..... ہد ہد صاحب ۱۴/ اگست ۱۹۰۰ء

مذکورہ ڈنڈا میں نے دیکھا ہے۔ ویسے میں اس بات کو ہی نہیں مانتا کہ امریکن چاند پر گئے تھے..... اور ڈنڈا.....

میرے خیال میں جناب احمد صاحب کے ذاتی میوزیم کی زیادہ تر اشیاء ایسی ہیں کہ لوگوں نے انھیں اُلو بنا کر روپے وصول کرنے کی غرض سے انھیں مہیا کی ہیں۔"

ہد ہد ۔ نہرو زوالوجیکل پارک

آٹھواں خط..... جناب چنوّراج کھنہ صاحب.... ۲۱/ اگست ۱۹۰۰ء

• میرے دادا لکھنؤ سے ایک گلّی خرید لائے تھے اور اس کو بڑی تجوری میں رکھا کرتے تھے۔ ان کا کہنا تھا کہ وہ گلّی شاہان اودھ سے متعلق تھی وہ امرود کی لکڑی سے بنائی گئی تھی۔ اس پر تین برس تک صبح سیب کا عرق، دوپہر انار کا رس اور شام پہلوٹی گائے کا پہلے مہینے کا دودھ ڈالا جاتا تھا اور ہر جمعہ کو نماز کے بعد گنگا جل سے دھویا جاتا تھا۔ تین برس کے بعد جب واجد علی شاہ نے اسکو کھیلنے کی کوشش کی تو ان کے ہاتھ میں موچ اور کمر میں لوچ آگئی اور سر میں درد ہو کر ناف ٹسک گئی چنانچہ انھوں نے وہ گلّی ایک امیر کو بخش دی۔ پھر جب اودھ کی سلطنت تباہ ہوئی تو وہ گلّی کسی طرح میرے دادا کو مل گئی۔

چنوّراج کھنہ۔ قدیم قبرستان بودلے صاحب حیدرآباد

"گلّی ڈنڈا"..... ایڈیٹر.... اشاعت ۲۲/ اگست ۱۹۰۰ء

گلّی ڈنڈا، دکن کی قدیم پست اقوام کا کھیل ہے اور اس کا کوئی تاریخی پوزیشن نہیں اگرچہ جناب احمد خان صاحب، ہدہد صاحب اور کھنہ صاحب کے دو درجن فضول خطوط اسی عنوان پر ادارے کو وصول ہوئے ہیں مگر ادارہ اس گپ بازی کو یہیں ختم کرتا ہے۔ خبردار! اگر کسی نے اس عنوان پر کچھ کہا یا لکھا تو.....؟

ایڈیٹر

"قوالی"

قوالی کا رواج ہندوستان میں مغلوں کے آنے سے قبل ہی شروع ہو چکا تھا مگر مغلوں نے اس کی اپنے دور میں کوئی سرپرستی نہیں کی۔ سنتے ہیں کہ تان سین نے دربارِ اکبری میں قوالی کو PUT UP ہی نہیں کیا تھا لیکن موجودہ دور میں قوالی نے ترقی کی۔ اب تو جو بھی باہر سے سیاح آتا ہے ہم اس کو قوالی ضرور سنواتے ہیں۔ خیال ہے کہ یہی ہندوستانی تہذیب کا سچا نمونہ ہے ورنہ بے چارے تاج محل دیکھ کر کیا کریں گے۔ پھر ہندو ان کے ایک کان میں چیختے ہیں کہ اسے ہندو راجہ نے بنوایا تھا اور شاہجہاں نے زبردستی اپنی بیوی کو اس میں دفن کر دیا۔ مسلمان دوسرے کان میں کھسر پھسر کرتے ہیں "اِک شہنشاہ نے بنوا کے حسیں تاج محل ساری دنیا کو محبت کی نشانی دی ہے۔" ان تمام بحثوں سے قوالی ہی بھلی کہ جب یہ چلتی رہے تو کوئی دوسری بات سُن نہیں سکتا۔

ایک صاحب کا کہنا ہے کہ قوالی ایک نفسیاتی کھیل ہے چنانچہ قوالی سن کر انسان لطف اندوز ہو کر خوش نہیں ہوتا بلکہ اس کی ساری خوشی ایک طویل نفسیاتی کشمکش سے نجات ملنے پر ہوتی ہے مثلاً ایک قوال ایک شعر گاتا ہے جس کا ایک مصرعہ ہے۔

دے دے میں پھیلایا ہوں ہاتھ

دے دے میں پھیلایا ہوں ہاتھ دے دے میں پھیلایا ہوں ہاتھ

یہ ہاتھ یہ ہاتھ...... یہ ہاتھ یہ ہاتھ...... یہ ہاتھ یہ ہاتھ..

قوال کورس قوال

یہ ہاتھ یہ ہاتھ...... یہ ہاتھ یہ ہاتھ...... یہ ہاتھ یہ ہاتھ...

کورس قوال کورس

دے دے...... دے دے...... دے دے دے دے

قوال کورس قوال

(تان) آ آ آ آ آ..... دے دے دے دے میں پھیلایا ہوں... آہے..

قوال

آہے..... آہے...... آہے.... پھیلایا ہوں ہاتھ ــ"

کورس

سننے والے کے صبر کا پیمانہ لبریز ہو جاتا ہے کہ " کم بخت دوسرا مصرعہ بولتا ہی نہیں، کہ عین وقت پر قوال دوسرا مصرعہ عطا کرتا ہے...

تیرے کرم کا صدقہ میرے دل کی بات

ذہنی تناؤ سے جو چھٹکارا ملا تو وزن سے گرے ہوئے اس بے معنی شعر میں وہ مزہ آتا ہے کہ غالب کے پورے دیوان پر بھاری محسوس ہوتا ہے۔ اس کے ساتھ ہی قوال کے ساتھیوں کی متواتر چیخوں، قوال کی بے ہنگم تانوں اور باجوں کے ہنگامہ میں ذہن مفلوج ہو جاتا ہے۔ ایسے میں ایک شاعر صاحب نے حواس مجتمع کرکے اپنے ایک ساتھی کے کان میں یہ جملہ کہنا چاہا " یہ شعر وزن سے عاری بے معنی ہے"! دوست جھوم رہا تھا کہ انھوں نے اس کے کان میں اپنا منہ گھسا کر کہنا شروع کیا اور اس کے کان میں اس قسم کی آوازیں آنے لگیں۔

یہ شعر... یہ ہاتھ..... یہ شعر..... یہ ہاتھ.... یہ شعر یہ ہاتھ......

بالکل یہ ہاتھ..... یہ ہاتھ.... وزن دے دے.... وزن دے دے..

آہے آہے عاری آہے.......!

مگر پھر بھی دوست وجد میں ہی رہے۔

نادر شاہ نے جب دہلی پر حملہ کیا اور محمد شاہ کو زبردستی پگڑی بدل بھائی بنایا (کیونکہ اس کو خبر ملی تھی کہ "کوہ نور" ہیرا محمد شاہ کی پگڑی میں ہے) تو محمد شاہ نے نادر شاہ کو ڈنر پر بلایا اور قوالی سنائی۔ اس کے پس پردہ دراصل قوالی کے غل گپاڑے سے فائدہ اٹھا کر نادر شاہ سے ہیرا حاصل کرنا تھا.... قوالوں نے فارسی کلام چیخ چیخ کر گانا شروع کیا۔ محمد شاہ نے دو سامعین کو نادر شاہ کی آنکھ بچا کر اشارہ کیا مگر نادر شاہ کی آنکھیں اس کی گھنے دار بھوؤں میں چھپی ہوئی سب دیکھ رہی تھیں۔ محمد شاہ کا اشارہ پاتے ہی دونوں سامعین وجد میں آکر ناچنے لگے۔ محمد شاہ بھی اٹھ کر ناچنے لگا تاکہ نادر شاہ بھی ساتھ دے مگر جب نادر شاہ کے چہرہ پر اس کی نظر پڑی تو دیکھا کہ "جنبش مکن بلکہ خبردار" میاں تھا۔

شفیق الرحمٰن نے "تزک نادری" میں لکھا ہے کہ نادر شاہ نے قوالی کے ختم پر کہا "یہ قوال لوگ بہت چالاک ہوتے ہیں ایک کان صاف بچا جاتے ہیں!"

یہ اس زمانے کی قوالی کی بات ہے۔ اب تو قوالی میں نہ صرف مغربی باجے بجنے لگے بلکہ رفتہ رفتہ پورا سو پیس کا آرکسٹرا آگیا پھر اس کے مقابلے ہونے لگے۔ مسکڈ ڈبلز MIXED DOUBLES بھی ہونے لگے جیسے کورا کاغذ قوال بمقابلہ چکن بابو عرف شکنجبیس اور قوالی درگاہوں اور خانقاہوں سے نکل کر چوراہوں پر آگئی۔

ایک بس کے اڈہ پر رات بھر قوالی ہوئی۔ ایک وزیر صاحب موجود تھے۔ قوال نے انکی طرف اشارہ کر کے کہا۔

چہار وزارت اک وزیر است

گویا دریا بند در کوزہ است

"کیونکہ وزیر صاحب کے یہاں چار قلمدانِ وزارت تھے گویا دریا کوزہ میں بند تھا"۔

اس شعر پر ایک صاحب دیر تک وجد میں جھوم جھوم کر تعریف کرتے رہے اور قوال کے آگے پیسے پھینکتے رہے۔ ہم نے ان سے پوچھا "شعر کیا ہے؟"

وہ بولے "خوب کہتا ہے، گویا در آیا بندر کدھر است"

(گویا کدھر یہ بندر گھس آیا ہے) کیا چوٹ کی ہے وزیر صاحب پر۔ ایک صبح کسی نے دروازہ کھٹکایا، باہر نکل کر جو دیکھا تو محلہ کے نامی گرامی پولیس کے رجسٹرڈ شدہ نوجوان کھڑے ہیں۔ ایک نے کہا۔

" صاحب! آپ کے گھر کے سامنے اس چوراہے پر رات میں عید اور دسہرہ ملاپ کا قوالی کا پروگرام رکھا گیا ہے اپنی بستی کے لیڈر روشن چندر صاحب کی صدارت میں۔ آپ کے نام پر کتنا چندہ لکھوں؟"

ہم نے کہا "لیکن قوالی کی بجائے کوئی تہذیبی پروگرام ہوتا تو بہتر ہوتا"

وہ بولے "نہیں صاحب..... دسہرہ عید ملاپ کے لئے جمتا نہیں۔ اس کے لئے یا تو کبڈی کا میاچ ہو سکتا ہے یا پھر قوالی"۔

شام ہوتے ہوتے چوراہے پر شامیانہ نصب کر دیا گیا۔ چار تخت سجا کر بچھا دیئے گئے سننے والے معززین کے لئے کرسیاں اور عوام کے لئے شطرنجیاں بچھا دی گئیں۔ چوراہے کے پان والے جیون لعل سے ہم نے پوچھا "کون قوال بلوائے گئے ہیں"۔

تو اس نے ہمارے گھر کی دیوار پر چسپاں پوسٹر کی طرف اشارہ کیا اور اپنے کام میں لگ گیا۔ پوسٹر پر دو مخدوش قسم کے افراد کی تصاویر تھیں۔ تحریر سے معلوم ہوا کہ ان کے درمیان مقابلہ مقرر تھا۔

دس بجے رات تک ہر قسم کے ریکارڈز لاؤڈ اسپیکر پر بجتے رہے۔ دس بجے ایک خطرناک قسم کا چاقو باز میکروفون پر نمودار ہوا۔ بھائیو!.... ارے گنو... آواز آرہی ہے رے؟"۔

آرہی ہے آرہی ہے (نعرے) تو بھائیو! اس بار دسہرہ عید ملاپ کے لئے قوالی کا پروگرام رکھا گیا۔ پچھلی بار کبڈی کے مقابلہ کا اختتام چاقوؤں کے مقابلہ تک آگیا تھا تو اس سے پہلے بستی کے لیڈر روشن چندر جی آپ کے سامنے تقریر کریں گے۔"

روشن چندر جی نے تقریر شروع کی "سجنو! یہ سبھا جیسا کہ آپ کو سوچنا دی گئی ہے اپنے بستی کے نوجوانوں نے عید دسہرہ ملاپ کے اوسر پر بستی کے ....."

تقریر کے بعد ایک قوال نے آدھے گھنٹے تک ہارمونیم پر دھنس بجائیں۔ پھر ایک قوالی گائی جس پر دیر تک تالیاں بجیں۔ قوال نے دوسری قوال پارٹی اور پبلک پر ، فاتحانہ نظر ڈالی جیسے کہہ رہا ہو۔ " دیکھیں اس سہرے سے کہدے کوئی بہتر سہرا۔"

دوسرے قوال نے ایک قوالی چھیڑی جس میں مہنگائی پر لعنت ملامت کی گئی تھی۔ فیشن پرستی پر چوٹ تھی اور جانے کیا کیا تھا۔ یہ نوک جھونک جاری تھی ہم اپنے بستر میں گھس گئے کیوں کہ قوالی تو سنے بغیر چارہ نہ تھا۔ منتظمین نے ہمارے لئے خاص طور پر ایک لاؤڈ اسپیکر ہمارے مکان کے رُخ پر لگا دیا تھا.....

صبح جب مرغ نے بانگ دی تو بیگم نے ہمیں جگایا کہ ہم وہ اسٹول لے آئیں جو ایک قوال نے بجلی کے بلبل ترنگ رکھنے کے لئے ہمارے لڑکے سے حاصل کیا تھا۔ اسٹول لا کر پھر ہم بستر میں گھسے تو آٹھ بجے جاگے۔ کھڑکی سے جھانک کر دیکھا تو دونوں قوال پارٹیوں کو تختوں پر بیٹھا پایا۔ ہم نے پھر جیون لعل پان والے سے پوچھا" بھائی جیون لعل جی! قوالی تو ہو چکی، اب ان قوالوں کو کیوں روک رکھا ہے؟"

جیون لعل جی ہمارا پورا سوال سننے تک ہم کو دیکھتے رہے پھر کہا۔

" آداب عرض ہے صاحب.... ۔"

"ان قوالوں کو سَو روپئے فی قوال کے معاہدہ سے بلایا گیا تھا مگر پروگرام کے ختم ہوتے ہوتے ان کو بلانے والے لونڈے غائب ہوگئے اب ان کو پیسے ملیں.... تب جائیں۔"

ہم نے کہا "مگر یہ اس طرح بیٹھے رہیں تو کیا پیسے مل جائیں گے؟"

جیون لعل جی نے کہا "قوال لوگ روش چندر جی لیڈر بستی کے یہاں بھی گئے تھے صاحب! جو کل تقریر کر رہے تھے۔"

"ہاں ہاں"

"تو صاحب بولے کہ خود اُن کو بھی تقریر کا لالچ دے کر بلایا گیا تھا اور وہ نہیں جانتے کہ معاملہ تھا کیا؟"

اس پر قوالوں نے کہا کہ انھیں روش چندر ہی کے نام سے بلایا گیا تھا اور اس لئے جب ان سے ملایا گیا تو ان کو بھروسہ ہو گیا، تب ہی وہ گائے تھے۔"

شام جب ہم دفتر سے لوٹے تو جیون لعل نے بتایا" صاحب! آپ کے جانے کے بعد ایک قوال پوری شطرنجیاں، تکیے اور چادریں رکشا پر رکھ کر چلتا بنا۔ اس کو تو اُن لڑکوں نے پیسے دے کر تمام چیزیں لے لیں مگر دوسرا قوال شام سے بازو کے قبرستان میں چھپا بیٹھا ہے کہ کوئی نظر آئے تو دھر لے۔"

عابد روڈ کی شام

کسی بے ہودہ سے مفکر کا قول ہے کہ اگر آپ نے عابد روڈ کی شام نہیں دیکھی تو حیدرآباد ہی نہیں دیکھا۔ اگر کسی شخص کو ان مشکل الفاظ کے تلفظ نہیں آتے اور ان کے معنی اس کی سمجھ سے باہر ... ہوں جیسے بورژوا پلوتاری، سوشلسٹ اور ثقافتی انقلاب وغیرہ تو اس کو عابد روڈ پر ایک شام ضرور گزارنی چاہئے جہاں وہ ان تمام اشیا کو چلتے پھرتے دیکھ سکتا ہے اسی لئے ٹورسٹ بس بھی لوگوں کو گولکنڈہ کے آثار قدیمہ، یونیورسٹی کے تمام شعبہ جات علم اور آخر میں چڑیا گھر دکھلانے کے بعد عابد روڈ پر چھوڑ دیتی ہے۔

صبحِ بنارس، شامِ اودھ، ایوننگ ان پیرس اور شاعری کی شام غریباں کی طرح شامِ عابد روڈ پر طائرانہ بلکہ چمگادڑانہ نظر ڈالئے (شام کا معاملہ ہے)

تھری فیس کی فیشن ایبل ہوٹل سے نجمہ اور زاہد نکلے۔ نجمہ نے ایک لڑکے سے زاہد کا تعارف اپنا کزن کہہ کر کروایا اور زاہد قطعاً نجمہ کا رشتہ دار نہیں تھا۔ ویسے عابد روڈ پر یہ بات سب کو معلوم تھی کہ خوبصورت نجمہ نے ڈپٹی سکریٹری محمد علی سے شادی کر لی تھی جو ادھیڑ عمر کے آدمی تھے اور شفیق الرحمٰن والے فارمولے پر عمل کر رہی تھی کہ شادی ہمیشہ معمر آدمی سے کرنی چاہئے۔ ان کا پوزیشن ہوتا ہے، دولت ہوتی ہے۔ رہا پکنک اور پکچر وغیرہ تو اس کے لئے کزنس بآسانی مل جاتے ہیں۔

"سلامی فیشن سنٹر" کے سامنے مظہر سے ملاقات ہوئی۔ اس نے مجھے ہیلو کہنے سے پہلے ایک تیز رفتار "امپالا" گاڑی کی طرف دل و جان سے بے چین ہو کر ہاتھ ہلایا پھر مجھ سے مخاطب ہوا۔ میں نے پوچھا "کون تھا یار؟"

مظہر نے کہا" وہ ..... پرنسس شانتا کماری تھیں۔ راجہ صاحب پپا کے خاص دوست ہیں نا؟ حالانکہ وہ گاڑی نواب بے نیاز کی تھی اور اس وقت اس میں صرف ان کا ڈرائیور تھا۔

عابد روڈ پر اونچے طبقے کے لڑکے اور لڑکیوں کے ساتھ ساتھ اوسط طبقے کے لڑکے اور لڑکیاں بھی گھومتے نظر آتے ہیں۔ کوئی نیا آدمی ان میں تمیز نہیں کر سکتا۔ ویسے یہ لڑکے اور لڑکیاں بھی اس خوش فہمی میں مبتلا رہتے ہیں مگر عابد روڈ پر ہمیشہ گھومنے والے ان میں ضرور امتیاز کر لیتے ہیں۔ مثال کے طور پر مس مقبول ایک چیف انجینئر کی لڑکی ہے وہ جو بھی لباس پہنتی ہے وہ مکمل ہوتا ہے جیسے شرٹ، شلوار، دوپٹہ، چپل، چوڑیاں، گھڑی کا اسٹراپ، گھڑی کا ڈائل، کان کے بندے اور نکلیس کے ڈائمنڈ کے رنگ وغیرہ۔ اس کے مقابل میں اوسط طبقہ کی لڑکی نے مس مقبول جیسا شرٹ شلوار اور جوتا تو پہن لیا ہے مگر گھڑی اور ڈائمنڈ نکلیس میں پیچھے رہ گئی۔

مظہر نے بتایا کہ وہ بال کٹوانے گیا تھا اور پھر چہرہ کو دلکش بنانے کا اسپشل کورس لے کر اب محمود علی اور ناگ بھوشن کا منتظر تھا جو "تھری فیس" میں ڈنر کھانے والے تھے پھر کوالٹی میں کافی پی کر تاج ہوٹل کا پان کھا کر اس سے ملنے والے تھے۔

میں نے مظہر سے پوچھا" یہ لوگ ہوٹل میں کھانا کیوں کھاتے ہیں جب کہ گھر میں بھی کھا سکتے ہیں؟" مظہر نے مخصوص عابد روڈی انداز میں کہا۔ جواب نہیں باس تمہارا! گھر پر آپ کے سامنے ناچ گانا ہوتا ہے؟ .... اونچی سوسائٹی کی لڑکیاں ہوتی ہیں؟ ..... کیا آپ ڈنر سوٹ پہن کر لوگوں پہ دھاک جما سکتے ہیں؟"

مظہر نے محمود علی سے کہا "محمود بھائی! مولچند رام نے تمہارے لئے انگلستان سے کھادی اسمگل کروالی ہے۔ دام ذرا زیادہ بتا رہا تھا مگر انگلش مال ہے مالک"۔

محمود علی کو سوچتا دیکھ کر ناگ بھوشن نے کہا "یار اگر تم نہیں لینا چاہتے تو مجھے دلوا دو۔ اپنا ٹائیگر کانگریس کے سیشن میں جا رہا ہے"۔

محمود نے چونک کر سب کو دکھایا کہ قدیر ایک اینگلو انڈین لڑکی کے ساتھ لاٹھیا اسٹور سے نکلا۔

ناگ بھوشن نے کہا "خدا نے انسان کو بنایا اور انسان نے لالہ گوڑہ بنایا"۔ (لالہ گوڑہ شہر میں اینگلو انڈین آبادی ہے)

عابد روڈ پر ہر لڑکا اور ہر لڑکی کی یہی خواہش ہوتی ہے کہ "بس ہم کو دیکھو" چنانچہ اس غرض کے لئے چھوٹے چھوٹے اسٹنٹ بھی چلائے جاتے ہیں جیسے ہندو لڑکا مسلمان لڑکی، ہندو لڑکی کرسچن لڑکا مل کر گھومتے ہیں تاکہ لوگ نوٹس لیں "کوالٹی" کے آگے کچھ نوجوان روز شام کافی پی کر سگریٹ پیا کرتے اور اس قسم کی گفتگو زور زور سے کیا کرتے۔ "یار! یہ بوشرٹ کا کپڑا اچھا مار دیئے"۔ "نہیں یار یہ کپڑا ایک دفعہ دھلا تو پھر ہاتھ کو نہیں آسکتا"، "تو بھائی اس کو کون سا ساری عمر پہننا ہے۔ اگر دو ایک دفعہ پہن لیا تو سمجھو قیمت نکل گئی"۔

"بوس! تمہارے ٹائیگر کو راضی کر لو مٹی میں یو کے چلنے کے لئے"۔

"نہیں یار! ٹائیگر اس امپالا کے چکر میں دیوالیہ ہو گیا"۔

جواہر محل سنیما کے آگے مسٹر نصرت سے ملاقات ہوئی جو شادی سے پہلے اوسط طبقہ کے فرد تھے، ہنٹر والی، اور ٹارزن شہر میں جیسی فلمیں دیکھتے تھے۔ گوشہ محل میں دنگل ضرور دیکھتے اور چھوٹو پہلوان اور موٹو گولی سے بہت متاثر تھے۔ کالج کے زمانہ میں وہ "گرے کلر" کے نام سے مشہور تھے کیوں کہ کالج میں پورے دو سال وہ صرف گرے رنگ کی پتلون ہی پہنے رہتے

پھر ان کی شادی ایک کنٹراکٹر کی لڑکی سے ہوگئی اور اب۔ ۔ ۔ ۔ اب وہ صرف انگریزی فلمیں دیکھتے، اسمگل کئے ہوئے کپڑے پہنتے۔ ہندوستانی سالن کے انگریزی اور اطالوی اور ہسپانوی نام رکھ کر کھاتے تھے۔ اس وقت بھی وہ جیمس بانڈ کا فلم دیکھتے ہوئے انٹرول میں باہر نکل آئے تھے کہ چندرا پوری اینڈ کمپنی کو انگریزی ٹائیون اور پاتابون کے متعلق یاد دہانی کرادیں۔

اس سے ہٹ کر بھی عابد روڈ کی جگمگاتی دنیا میں ایک طویل نہ ختم ہونے والی اندھیری دنیا ہے۔ یہ لوگ نہ اسمگل کئے ہوئے کپڑے جانتے ہیں نہ ٹانی اور نہ ہی امپالا اور ایمبسڈر میں فرق کر سکتے ہیں۔ یہ لوگ سستے ہوٹل میں چائے پی کر اختری بائی کی غزلیں سنتے ہیں۔ سیاست اور ادب پر بحث کرتے ہیں۔ بغیر ٹائی والے کوٹ پہن لیتے ہیں۔ ایک ادیب نے چائے کی تین پیالیاں پی ڈالیں۔ پھر چار مینار سگریٹ جلایا۔ اس کے بعد گولکنڈہ سگریٹ پینے لگے۔ ان کے ایک پرستار نے کہا صاحب! آپ اس طرح دو برانڈ کے سگریٹ نہ پئیں میں نے سنا ہے اس سے حلق خراب ہو جاتا ہے۔ ادیب نے طنزیہ مسکراہٹ سے کہا" میاں! میں اب سگریٹ نوشی کے اس درجہ پر ہوں کہ اگر ایک برانڈ پیوں تو حلق خراب ہو جائے"۔

دوسری طرف ایک صاحب ساتھیوں سے کہہ رہے تھے۔

"یار یہ پندرہ آنے اسٹور بھی بکواس ہے مگر حیدرآباد کی پبلک ہے کہ مری جارہی ہے اسس قدر ہجوم ہے کہ اندر جانا ناممکن ہے۔ یہ لوگ شاید سمجھتے ہیں کہ پندرہ آنے میں کوئی دو روپئے کی چیز لے آئیں گے۔ اتنے گدھے ہیں کہ مرے جا رہے ہیں۔ میں بھی گیا تھا"

اسس سے آگے عابد روڈ کی روشنیاں مدھم پڑ جاتی ہیں۔ "کلکتہ ہوٹل" پر گفتگو کچھ اور ہی ہے۔ ارے یار واقعی اسشرف نے اتوار کو پریڈ گراؤنڈ پر راج کی بولنگ پر چھکا مارا تھا"

"یار! وہاں نہیں تو یہاں تو مار ہی دیا۔ میاں وہ جتنے چھکے یہاں بات چیت میں مارتا ہے اگر اسس کے آدھے بھی میدان میں مارے تو ہم ویسٹ انڈیز کے خلاف

میاچ میں اننگز ڈیکلیر کر دیں؟"

عابد روڈ کی شام جتنی خوبصورت ہے دن اتنا ہی بدصورت ہوتا ہے۔ اس پر سے سینکڑوں ہزاروں انسانوں کو لے کر بسیں اِدھر سے اُدھر روانہ ہوتی رہتی ہیں جن میں مسٹر شرما ٹائپسٹ جیسے لوگ کبھی ہوتے ہیں جو اس پر سے بغیر نظر اٹھائے اپنی دھن میں سر جھکائے گزرتے رہتے ہیں۔ کئی برس تک گزرنے کے بعد ایک دن جو نظر اٹھا کر دیکھتے ہیں تو حیران ہو جاتے ہیں کہ پوسٹ آفس کی پرانی بلڈنگ ختم ہو کر نئی بلڈنگ کھڑی ہو گئی ہے۔۔۔۔۔۔۔کب ہوا۔۔۔۔۔۔۔۔آخر میں نے دیکھا کیوں نہیں ؟"

• • •

ایشیاڈ

شرفو میاں کی لڑکی کی شادی کی بزم سے جو بھی نکلا وہ پریشان نکلا۔

بھائی صاحب نے تو گھر آتے ہی کرسی پر گویا گرتے ہوئے کہا "یہ شرفو میاں تو پورا مجرم ہے بھائی۔"

میں نے بھی لقمہ دیا "اس قدر روپیہ خرچ کرنے کی ضرورت ہی نہیں تھی۔"

بھابی صاحبہ نے کہا "کیوں نہ خرچ کرتے اُن کے باپ کا کیا خرچ ہوا۔ سب رشتہ داروں دوستوں کا دیوالیہ پِٹ گیا۔"

" ارے کم بخت کو میں نے دو ہزار روپئے دیئے تھے کہ مکان ٹپک رہا ہے۔ چھوٹے چھوٹے بچے ہیں۔ سونے کے لئے جگہ نہیں ہے بے چاروں کو۔ چھت تو ویسا ہی رہ گیا۔ افسر بھائی نے تین ہزار دیئے تھے کہ پہلے ڈرینج لگوا لو۔ گھر میں بدبو سے ناک پھٹی جا رہی ہے۔ وہ بے چارہ سرپیش ماتھر الگ مارا گیا۔ بچوں کو سڑک کے نل سے پانی ڈھوتے دیکھ کر رحم کھایا اور دو ہزار روپئے دیئے کہ پہلے پینے کے پانی کا بندوبست کر لو۔"

"بچے، بچیاں بے چارے کپڑے نہ ہونے سے نیم برہنہ رہتے ہیں۔ بڑی خالہ کو رحم آگیا وہ کچھ روپئے گھر کی حالت سدھارنے کے لئے دینے والی تھیں اس مکار شرفو میاں نے کہا کہ وہ سلائی کی مشین خریدے گا تاکہ گھر کی آمدنی میں اضافہ ہو۔ بڑی خالہ جھانسے میں آگئیں۔

خود دو ہزار روپئے دیئے اور اپنے منجھلے داماد سے کہہ کر بینک سے پانچ ہزار قرض دلوایا۔"

اور شرفو میاں نے نہ پینے کے پانی کا انتظام کیا اور نہ ڈرینج کا، نہ مشین خریدی کہ گھر کی حالت سدھرے۔ سارا روپیہ لے کر شادی خانہ کرایہ پر لیا۔ خوب روشنی لگائی۔ منڈپ خوب سجایا۔ دلہا کو لال موٹر میں پھولوں سے سجا کر ڈبل بیانڈ کے ساتھ بلایا۔۔۔۔۔ آتش بازی کی، دل بہلانے والے بھانڈ لڑکوں کو بلایا۔۔۔۔ اس طرح سارا روپیہ پھونک ڈالا۔

بڑے بھائی نے کہا" شرفو میاں نے تو بالکل "ایشیاڈ" کا نقشہ کھینچ ڈالا۔ عالمی بینک نے ہندوستان کو سب سے بڑا قرض دیا کہ سیلاب پر قابو پائے، خشک علاقوں میں پینے کا پانی مہیا کرے۔

امریکہ اور برطانیہ اور دوسرے ملکوں نے روپیہ دیا کہ لوگ روٹی کو ترس رہے ہیں انھیں روزگار مہیا کرو۔

انٹرنیشنل مانیٹری فنڈ نے بڑی رقم دی کہ دیہات میں تعلیم پھیلاؤ، لوگ بیماریوں میں سسک رہے ہیں علاج کی سہولتیں دو، چھوٹی بڑی صنعتیں پھیلاؤ کہ غریبی دور ہو۔

حکومت نے یہ سارا روپیہ"ایشیاڈ" پر خرچ کر دیا۔ بڑے بڑے اسٹیڈیم کروڑوں روپئے کے خرچ سے بنے، سڑکیں بنائی اور سجائی گئیں، محل نما ہوٹلیں بنائی گئیں، چمن بندی کی گئی، روشنی اسقدر ہو گی کہ دہلی جگمگا اٹھے گا، اعلیٰ درجے کی موٹریں ایسے دوڑیں گی کہ ہمیں قرض دینے والے نیویارک اور ٹوکیو شرما جائیں۔ دو سو سجے بنے ہاتھی جنھیں ان کے تین سو رکھوالوں کے ساتھ چار ہزار کلومیٹر دور کیرالا سے ٹرینوں میں لاد کر دہلی لایا گیا اپنے لاکھوں روپئے کے زیور اور جھول کے ساتھ پریڈ کریں گے۔ ملک کے گوشہ گوشہ سے ناچنے گانے اور باجے بجانے والے دہلی آکر کروڑوں روپئے لوٹیں گے۔ بڑی بڑی دعوتیں ہوں گی، شراب، کباب، ناچ گانا، موٹریں، ہوٹلوں کے سجے سجائے کمرے۔۔۔

یہ سب ہنگامہ پندرہ دن میں ختم ہو جائے گا۔ اس پر ہندوستان کو کم از کم دو ہزار کروڑ

کا خرچ آئے گا۔ اس میں شرکت کے لئے یورپ، امریکہ، آسٹریلیا جیسے ممالک سے اخبار نویس، سیاح آئیں گے اور پندرہ دن بعد جب وہ اپنے ملکوں کو واپس جائیں گے تو بالکل بھائی صاحب کی طرح کرسی پر گر کر ہندوستانی حکومت کو گالیاں دیں گے کہ.... کیا کرنے کے لئے روپیہ قرض دیا تھا، مدد دی تھی اور کیا کیا گیا۔

ہندوستان کو دس ہزار کروڑ روپئے قرض و امداد میں ملے لیکن اب بھی دیہات میں لوگ میلوں دور سوکھی ندی میں کیچڑ اٹھا اٹھا کر گھڑوں میں بھرتے ہیں اور اسے پیتے ہیں۔ شہروں میں ہوٹلوں کا کچرہ جب گھور پر پھینکا جاتا ہے تو کتے، سور اور انسان پھینکے ہوئے چاول اور روٹی کے ٹکڑوں پر ایک ساتھ جھپٹتے ہیں اور آپس میں لڑ پڑتے ہیں۔

دھوم دھام سے لڑکی کی شادی کرنے سے نہ تو شرفو میاں کو کوئی بڑا آدمی قرار دے سکا اور نہ ہی شاندار " ایشیاڈ" کرنے سے کوئی ہندوستان کو بڑا ملک قرار دے گا۔

مانگ مانگ کر تیل جمع کیا اور جب نو من تیل جمع ہو گیا تو ہم نے "رادھا" کے ناچ کا اہتمام کیا اور ایک ہی رات میں سارا تیل جلا ڈالا ---- اب گھروں میں ہمیشہ اندھیرا ہی رہے گا۔

صاحب طرز مزاح نگار

مہدی نظمی

محمد برہان حسین ملک کے ممتاز و معروف مزاح نگار ہیں۔ نریندر لوتھر کے بقول وہ پیشے سے سائنسداں ہیں اور طبیعت سے فن داں۔ وہ زندگی کے قریب رہ کر روزمرہ کے واقعات اور شخصیات کو ڈی بنک DEBUNK کرتے ہیں۔ یہ خوبی مشاہدہ کی تیزی اور دوربینی کی دین ہے۔ سنئے تو قہقہہ، پڑھئے تو تبسم زیرلب، لطافت اور فرحت کا دیرپا احساس، یہی اچھے مزاح کی پہچان ہے اور یہی مہرپان کی دوکان پر ملتا ہے۔ ظاہر ہے کہ یہ دوکان خوب چلے گی۔

جیلانی بانو کا کہنا ہے کہ برہان حسین کی تحریر شگفتہ اور دلچسپ ہے ان کے بارے میں کچھ نہیں بلکہ بہت کچھ کہنے کو جی چاہتا ہے کیوں کہ انھوں نے آج کے اعصابی تناؤ والے ماحول اور دکھتے ہوئے دلوں کے لئے اپنی شوخ اور دلکش تحریروں سے آکسیجن پہنچانے کا کام لیا ہے۔

عثمانیہ یونیورسٹی حیدرآباد کے پروفیسر ابوظفر عبدالواحد کہتے ہیں کہ " مضمون مختصر و مفید کے علاوہ اس کی پیشکش اور پیرایۂ بیان خاصہ دلکش اور مدلل ARGUMENTATIVE ہے۔

جناب نکر تونسوی کے بیان کے مطابق انھوں نے محمد برہان حسین کی تخلیقات کا مطالعہ کیا ہے اور اپنے سے بہتر نہیں تو اپنے سے کم بھی نہیں پایا۔

خود جناب محمد برہان حسین کو اس امر کا اعتراف ہے کہ جن لوگوں کی تحریروں نے انھیں مزاح لکھنے کی ترغیب دی ہے ان میں جناب شفیق الرحمن، پطرس، شوکت تھانوی اور کنھیالال کپور شامل ہیں۔ جناب مصطفےٰ کمال ایڈیٹر "شگوفہ" نے بھی انکی بحیثیت مزاح نگار صورت گری کی

اور کہا کہ اگر انھیں دوسرے آبگینوں کے ٹھیس لگ جانے کا ڈر نہ ہوتا تو وہ ان کی ضرور تعریف کرتے۔ "رہنمائے دکن" کے ایڈیٹر سید وقار الدین بھی ان کی مزاح نگاری کے معترف رہے ہے۔ ڈاکٹر سلمیٰ جلیل حسن سائنسی زمین استوار رکھنے کے باوجود جناب محمد برہان حسین کی مزاح نگاری کو یہ کہہ کر سراہتی رہیں کہ ہم لوگ سائنسداں تو ہیں ہمیں انسان بھی بننا چاہئے جس کی علامت ہنسی ہے۔

جناب محمد برہان حسین کا کہنا ہے کہ اس عالم رنگ و بو میں ان کے اولین محسن انکے والد مرحوم حضرت محمد غفور حسین صدیقی تھے جو عثمانیہ یونیورسٹی کے اولین طلبا میں سے ایک تھے وہ پچاس سال کی عمر تک شب و روز مطالعہ میں مصروف رہے لیکن یہ اچھا ہی ہوا کہ انھوں نے جگر بند کی کوئی کتاب نہیں پڑھی اس طرح ان کا ادبی ذوق بے داغ رہا۔

رامپور کے معروف و فاضل حکیم جناب محمد احسن خان کی صاحبزادی جناب سکندر جہاں سے جناب محمد برہان حسین کی شادی ہوئی ہے رامپور اردو ادب کا تیسرا اسکول سمجھا جاتا ہے اس لئے قدرتی بات ہے کہ جناب محمد برہان حسین کو ستھری اردو کا فرحت آگیں ماحول ملا لیکن جناب محمد برہان حسین کا کہنا ہے کہ یہ دونوں میری تحریروں پر کبھی نہیں ہنستے اسلئے شاید مشتاق احمد یوسفی کا یہ قول ٹھیک ہی ہے کہ یہ لوگ خود روپوش مزاح نگار ہیں۔

آسان اور دلکش اردو لکھنے کا ذوق جن انشا نگاروں کی تحریریں پڑھ کر بیدار ہوا۔ ان میں سے ایک حضرت خواجہ حسن نظامی مرحوم بھی ہیں جو خود صاحب طرز تھے اور جن کے اسلوب نگارش کی وہ لوگ بھی ابھی تک نقل اتارنے میں کامیاب نہیں ہوئے جو زاغ و زغن کی آواز تک کی نقل اتار لینے میں مہارت رکھتے ہیں۔

زیر نظر کتاب اس ممتاز مزاح نگار کی تحریروں کا مجموعہ ہے جس کے اندازِ نگارش کی ملک کے سبھی اہلِ دانش و اربابِ قلم تعریف کرتے ہیں۔ اس مجموعہ میں جو مضامین ہیں ان میں سے کئی پرانے ہیں جن پر جناب محمد برہان حسین نے نظر ثانی کی ہے اور کئی مضامین بالکل ہی تازہ اور نئے ہیں جنھیں پڑھ کر جناب محمد برہان حسین کے فن کے ارتقار کا جائزہ لیا جا سکتا ہے مجھے امید ہے کہ یہ مجموعہ اردو کے مزاحیہ ادب میں گرانقدر اضافہ ثابت ہوگا اور سب ہی علمی حلقوں میں پسند کیا جائے گا۔

اردو زبان میں طنز و مزاح ایک صنف کی حیثیت سے کب داخل ہوا؟ اور وہ کون شخص تھا جس نے طنز و مزاح کو ادب کی ایک صنف بنا دیا؟ اس سوال کا جواب ان طلبا کے ذمہ ہے جو ادب کے مختلف شعبوں میں تحقیقات کا کام کر رہے ہیں، کیا دوسرے اصنافِ ادب کی طرح طنز و مزاح بھی فارسی سے اردو میں آیا یا اس کا سلسلہ انگریزی زبان سے ملتا ہے، غالب کے زمانے میں انگریز تو آ چکے تھے لیکن انگریزی زبان حکمرانوں کے حلقے تک محدود تھی، غالب کے کلام میں کئی شعر ایسے ہیں جو طنز و مزاح کی تعریف میں آتے ہیں مثلاً۔

روزہ مرا ایمان ہے لیکن غالب　　خسخانہ و برف آب کہاں سے لاؤں

جس پاس روزہ کھول کے کھانے کو کچھ نہ ہو　　روزہ اگر نہ کھائے تو ناچار کیا کرے

اسد خوشی سے مرے ہاتھ پاؤں پھول گئے　　کہا جو اس نے ذرا مرے پاؤں داب تو دے

غالب کے خطوط میں بھی طنز و مزاح کی جھلکیاں دکھائی دیتی ہیں، مثلاً ایک تعزیتی خط میں لکھتے ہیں "یہ مغل بچے بھی خوب ہیں جس پہ مرتے ہیں اس کو مار رکھتے ہیں۔"

اردو صحافت کی عمر انیسویں صدی کی پانچویں دہائی سے شروع ہوئی، اور کچھ ہی وقت گزرا تھا کہ طنز و مزاح اردو اخباروں کا خصوصی کالم بن گیا، لکھنؤ سے شائع ہونے والے ہفتہ وار اخبار اودھ پنچ نے طنز و مزاح کا ایک معیار قائم کیا اس کے فاضل ایڈیٹر سجاد حسین مرحوم کا طنز محض مزاح یا مزاح محض مزاح نہیں ہوتا تھا بلکہ ان کی تحریروں میں بے پناہ TالماA بھی ہوتی تھی، مثال کے طور پر ایک مرتبہ انہوں نے اودھ پنچ کے ٹائٹیل پر جارج پنجم کی انتہائی دیدہ زیب تصویر شائع کی اور اس کے نیچے لکھا "فقیرِ ہند"، ظاہر ہے کہ اس وقت کے مروجہ قوانین کے اعتبار سے بادشاہ کو فقیرِ ہند لکھنا ایک جرم تھا لیکن انہوں نے اپنی ذہانت و فراست سے کام لیا اور خود کو اس جرم کی سزا سے اس طرح بچایا کہ اس اخبار کے چوتھے صفحے پر یہ تصحیح شائع کی۔

> "کتابت کی غلطی سے صفحہ اوّل پر بادشاہ جارج پنجم کی تصویر کے نیچے فقیرِ ہند چھپ گیا ہے ناظرین تصحیح کرلیں اور فقیرِ ہند کی جگہ قیصرِ ہند پڑھیں"۔ اودھ پنچ نے بہت سے طنز نگار اور مزاح نگار پیدا کئے،

اکبر الٰہ آبادی نے نظم میں طنز و مزاح کے جو نمونے پیش کئے ان کے بارے میں بلا تکلف اور بلا تامل کہا جاسکتا ہے کہ وہ کسی بھی دوسری زبان میں طنز و مزاح کے پائے جانے والے نمونوں کے مقابلے میں کمتر نہیں ہیں، انہوں نے مسلمانوں کی عام زندگی میں مروج بہت سے رسوم پر طنز کئے بہت سی فرسودہ باتوں کا مذاق بھی اڑایا اور سامراج کی بے پناہ مادی قوت کو جاننے

کے باوجود ہندوستانی عوام کے دلوں میں حب الوطنی کے جذبات کو بیدار کرنے کی سعی بلیغ بھی کی۔

مولانا صفی دورِ متاخرین کے معروف شاعر تھے، ان کے سگے بھائی ظریف لکھنوی مزاح نگاری میں اپنا جواب نہ رکھتے تھے، بڑے ہی خوش مزاج اور زندہ دل تھے ان کے مجموعۂ کلام کا نام "دیوان جی" ہے جو مہاراجہ محمودِ آباد نے طبع کرایا تھا اس نام میں جو WIT ہے اسے محسوس کیا جانا چاہئے، انہوں نے اپنی ایک نظم "واہ بی میونسپلٹی جان کیا کہنا ترا" انگریزی حکومت کے زیر نگرانی ہونے والے الیکشن کا اور اس کے امیدواروں کا ایسا مذاق اڑایا ہے اور مختلف طبقوں میں بولی جانے والی زبانوں اس انداز سے پیش کیا ہے کہ سامع یا قاری اپنی ہنسی پر قابو نہیں رکھ سکتا، انہوں نے اپنے اور اپنے اقارب کے سبز کربلا کو مسدس کی صورت میں نظم کیا ہے اور طنز و مزاح کے واقعی معیار کو ملحوظ رکھا ہے،

عصر حاضر میں سہل نگاری، یا ادب کے کمرشیلائزڈ ہو جانے کی بنا پر نظم و نثر کا معیار قدرتی طور پر گرا، اس کے ساتھ ساتھ جمہوریت کے نظام میں ادبی گروہ بندیاں وقت کا ایک ضروری تقاضہ بن گئیں اس لئے نظم و نثر کے گرتے ہوئے معیار کے ساتھ ہی ساتھ طنز و مزاح کا معیار بھی گرنے لگا اور سارا مزاح بیوی یا بیگم کے ارد گرد محدود ہو کر رہ گیا، اور اکثر مزاح کو پھکڑپن کا روپ دیا جانے لگا لیکن ناظر خیامی مرحوم نے ایک بار پھر طنز و مزاح کے معیار کو بلند کیا اور مشاعروں میں ان کی مقبولیت نے ظاہر

کیا کہ عوام کا مزاج معیاری مزاح پسند کرتا ہے غیر معیاری مزاح پسند نہیں کرتا اِس وقت ساغر خیامی، معیاری مزاح پیش کر رہے ہیں اور ملک میں ہونے والے مشاعروں میں بے حد مقبول اور ہیں، ہلال رضوی رامپوری بھی جن کے کلام کا مجموعہ ''کہہ دوں'' کے زیرِ عنوان زیرِ طبع ہے معیاری مزاح پیش کرتے رہے ہیں۔

مزاح نگاری میں فکر تونسوی، کنہیا لال کپور، شوکت تھانوی، سالک اور کئی دوسرے معروف و فاضل اہلِ قلم اپنی آا اور سوچ کے اعتبار سے کسی بھی دوسری زبان کے مزاح نگاروں سے کم نہیں ہیں، لیکن اردو زبان کی تاریخ مرتب کرنے والوں نے ابھی تک مزاح نگاروں کا نہ کوئی خاص تذکرہ مرتب کیا ہے اور نہ ہی اس بارے میں کوئی خاص کھوج کی گئی ہے کہ ہماری زبان میں طنز و مزاح کب سے شروع ہوا اور اس صنف میں کن لوگوں نے آا کا لوہا منوایا، زبان کے مختلف شعبوں میں تحقیق کرنے والوں کو اس طرف بھی توجہ کرنے کی ضرورت ہے۔

منتخب مزاحیہ مضامین کا ایک اور مجموعہ

گوشۂ ظرافت

مصنف : برہان حسین

بین الاقوامی ایڈیشن جلد منظر عام پر آرہا ہے